# ANIMAIS NA HISTÓRIA
UMA ABORDAGEM VEGANA

Editora Appris Ltda.
1.ª Edição - Copyright© 2025 dos autores
Direitos de Edição Reservados à Editora Appris Ltda.

Nenhuma parte desta obra poderá ser utilizada indevidamente, sem estar de acordo com a Lei n° 9.610/98. Se incorreções forem encontradas, serão de exclusiva responsabilidade de seus organizadores. Foi realizado o Depósito Legal na Fundação Biblioteca Nacional, de acordo com as Leis nos 10.994, de 14/12/2004, e 12.192, de 14/01/2010.

Catalogação na Fonte
Elaborado por: Dayanne Leal Souza
Bibliotecária CRB 9/2162

---

C331a
2025

Carvalho, Miguel Mundstock Xavier de
    Animais na história: uma abordagem vegana / Miguel Mundstock Xavier de Carvalho. – 1. ed. – Curitiba: Appris, 2025.
    183 p. : il. ; 23 cm. – (Coleção Ciências Sociais).

    Inclui referências.
    ISBN 978-65-250-7826-7

    1. História dos animais. 2. Veganismo. 3. Direitos dos animais. 4. Bem-estar animal. 5. História ambiental. 6. Impactos ambientais. 7. Pecuária. I. Carvalho, Miguel Mundstock Xavier de. II. Título. III. Série.

                                              CDD – 398.245

---

Livro de acordo com a normalização técnica da ABNT

**Appris** *editorial*

Editora e Livraria Appris Ltda.
Av. Manoel Ribas, 2265 – Mercês
Curitiba/PR – CEP: 80810-002
Tel. (41) 3156 - 4731
www.editoraappris.com.br

Printed in Brazil
Impresso no Brasil

Miguel Mundstock Xavier de Carvalho

# ANIMAIS NA HISTÓRIA
## UMA ABORDAGEM VEGANA

*Appris*
*editora*

Curitiba, PR
2025

## FICHA TÉCNICA

| | |
|---|---|
| EDITORIAL | Augusto Coelho |
| | Sara C. de Andrade Coelho |

**COMITÊ EDITORIAL E CONSULTORIAS**

- Ana El Achkar (Universo/RJ)
- Andréa Barbosa Gouveia (UFPR)
- Antonio Evangelista de Souza Netto (PUC-SP)
- Belinda Cunha (UFPB)
- Délton Winter de Carvalho (FMP)
- Edson da Silva (UFVJM)
- Eliete Correia dos Santos (UEPB)
- Erineu Foerste (Ufes)
- Fabiano Santos (UERJ-IESP)
- Francinete Fernandes de Sousa (UEPB)
- Francisco Carlos Duarte (PUCPR)
- Francisco de Assis (Fiam-Faam-SP-Brasil)
- Gláucia Figueiredo (UNIPAMPA/ UDELAR)
- Jacques de Lima Ferreira (UNOESC)
- Jean Carlos Gonçalves (UFPR)
- José Wálter Nunes (UnB)
- Junia de Vilhena (PUC-RIO)
- Lucas Mesquita (UNILA)
- Márcia Gonçalves (Unitau)
- Maria Margarida de Andrade (Umack)
- Marilda A. Behrens (PUCPR)
- Marília Andrade Torales Campos (UFPR)
- Marli C. de Andrade
- Patrícia L. Torres (PUCPR)
- Paula Costa Mosca Macedo (UNIFESP)
- Ramon Blanco (UNILA)
- Roberta Ecleide Kelly (NEPE)
- Roque Ismael da Costa Güllich (UFFS)
- Sergio Gomes (UFRJ)
- Tiago Gagliano Pinto Alberto (PUCPR)
- Toni Reis (UP)
- Valdomiro de Oliveira (UFPR)

| | |
|---|---|
| SUPERVISORA EDITORIAL | Renata C. Lopes |
| PRODUÇÃO EDITORIAL | Bruna Holmen |
| REVISÃO | Stephanie Ferreira Lima |
| DIAGRAMAÇÃO | Andrezza Libel |
| CAPA | Kananda Ferreira |
| REVISÃO DE PROVA | Ana Castro |

### COMITÊ CIENTÍFICO DA COLEÇÃO CIÊNCIAS SOCIAIS

| | |
|---|---|
| DIREÇÃO CIENTÍFICA | Fabiano Santos (UERJ-IESP) |

**CONSULTORES**

- Alícia Ferreira Gonçalves (UFPB)
- Artur Perrusi (UFPB)
- Carlos Xavier de Azevedo Netto (UFPB)
- Charles Pessanha (UFRJ)
- Flávio Munhoz Sofiati (UFG)
- Elisandro Pires Frigo (UFPR-Palotina)
- Gabriel Augusto Miranda Setti (UnB)
- Helcimara de Souza Telles (UFMG)
- Iraneide Soares da Silva (UFC-UFPI)
- João Feres Junior (Uerj)
- Jordão Horta Nunes (UFG)
- José Henrique Artigas de Godoy (UFPB)
- Josilene Pinheiro Mariz (UFCG)
- Leticia Andrade (UEMS)
- Luiz Gonzaga Teixeira (USP)
- Marcelo Almeida Peloggio (UFC)
- Maurício Novaes Souza (IF Sudeste-MG)
- Michelle Sato Frigo (UFPR-Palotina)
- Revalino Freitas (UFG)
- Simone Wolff (UEL)

*A comunidade científica tem utilizado o seu crescente conhecimento sobre os animais principalmente para manipular as suas vidas de forma mais eficiente, a serviço da indústria humana. No entanto, este mesmo conhecimento demonstrou, sem qualquer dúvida razoável, que os animais de criação são seres sencientes, com relações sociais intrincadas e padrões psicológicos sofisticados. Eles podem não ser tão inteligentes quanto nós, mas certamente conhecem a dor, o medo, a solidão e o amor. Eles também podem sofrer e também podem ser felizes.*

*(Yuval Harari)*

*...proibir qualquer comparação entre espécies seria filosoficamente indefensável...*

*(Peter Singer)*

*Contudo, se o animal conta moralmente, por que só temos que proteger seu bem-estar e não sua vida? Como pode ser explicado que não podemos chutá-lo, mas podemos matá-lo?*

*(Tatjana Visak)*

# AGRADECIMENTOS

Deixo aqui os meus agradecimentos aos professores da minha formação acadêmica, do Departamento de História e do Programa de Pós-Graduação em História da Universidade Federal de Santa Catarina, da University of Kansas (EUA) e da University of Guelph (Canadá). Aos meus colegas e amigos de Laranjeiras do Sul – PR e da Universidade Federal da Fronteira Sul (UFFS), pelo contínuo encorajamento para levar adiante as ideias presentes neste livro. À minha esposa, Ana Beatriz, minha mãe e meus familiares, meu muito obrigado por todo o apoio e carinho. Fundamental para a escrita deste livro foi também o aceite do Rachel Carson Center for Environment and Society, da Ludwig-Maximilians-Universität München (LMU) (Alemanha), para me abrigar como pesquisador visitante. Junto ao afastamento para pós-doutorado concedido pela UFFS, foi um tempo essencial para poder me dedicar a esse projeto e escrever este livro. Agradeço também aos meus alunos de graduação e pós-graduação da UFFS. Especialmente os debates nas disciplinas de pós-graduação, "História e Animais" e "História Ambiental", foram fundamentais para aperfeiçoar muitas das ideias presentes neste livro.

# SUMÁRIO

**INTRODUÇÃO**..................................................................11

## CAPÍTULO 1
**AS BASES FILOSÓFICAS PARA UMA ABORDAGEM VEGANA: DO ESPECISMO AO IDENTITARISMO?** ........................................ 19

    1.1 Humanos e natureza ou humanos, animais e natureza?...................... 20
    1.2 Senciência .................................................................. 22
    1.3 Especismo .................................................................. 24
    1.4 Coisificação e antropomorfismo: os animais não são pessoas e também não são coisas ...................................................................... 25
    1.5 Bem-estar animal e direitos dos animais..................................... 27
    1.6 Especismo, racismo, sexismo... identitarismo?............................... 30

## CAPÍTULO 2
**A CONSTRUÇÃO HISTÓRICA DAS SENSIBILIDADES FAVORÁVEIS AOS ANIMAIS**..................................................................... 35

    2.1 Pré-história................................................................. 36
    2.2 Das civilizações agrícolas ao Iluminismo .................................... 41
    2.3 A revolução humanitária................................................... 44
    2.4 Darwin, darwinismo e pseudociência ...................................... 47
    2.5 Ecologismo, pecuária industrial, bem-estar e direitos dos animais .......... 52

## CAPÍTULO 3
**A HISTÓRIA DO VEGETARIANISMO: UMA INTERPRETAÇÃO POSSÍVEL** ... 57

    3.1 O ser humano é onívoro ou vegetariano? .................................. 58
    3.2 O (re)nascimento do vegetarianismo e as civilizações agrícolas: misticismo e filosofia ........................................................................ 61
    3.3 Interlúdio: filosofia e prática vegetariana................................... 63
    3.4 Do Renascimento ao Iluminismo .......................................... 64
    3.5 Do século XIX em diante: o crescimento do vegetarianismo no Ocidente..... 68

## CAPÍTULO 4
**OS ANIMAIS DOMÉSTICOS E O DESENVOLVIMENTO DA CIVILIZAÇÃO** ... 77

    4.1 Máquinas orgânicas das antigas civilizações................................. 77

4.2 Escravidão, sofrimento animal e guerras de conquista . . . . . . . . . . . . . . . . . . . . . 84
4.3 Da força muscular para a força mecânica . . . . . . . . . . . . . . . . . . . . . . . . . . . . . . 87

## CAPÍTULO 5
### ESTUDO DE CASO: ANIMAIS, GAÚCHOS E TROPEIROS NA FORMAÇÃO HISTÓRICA DO SUL DO BRASIL . . . . . . . . . . . . . . . . . . . . . . . . . . . . . . . . . . . . . . . . 91
5.1 A origem do gaúcho . . . . . . . . . . . . . . . . . . . . . . . . . . . . . . . . . . . . . . . . . . . . . . . 92
5.2 As vacarias, a invenção do Rio Grande do Sul e das fronteiras sulinas . . . . . . . . 97
5.3 As rotas tropeiras rumo ao Sudeste e a formação dos latifúndios. . . . . . . . . . . . 99
5.4 A indústria do charque e o fim do tropeirismo . . . . . . . . . . . . . . . . . . . . . . . . . 105
5.5 Animais, militarismo e identidade gaúcha . . . . . . . . . . . . . . . . . . . . . . . . . . . . 109

## CAPÍTULO 6
### HOLOCAUSTOS ANIMAIS: A INDUSTRIALIZAÇÃO DA PRODUÇÃO . . . . . . . 113
6.1 Explorando as origens da pecuária industrial . . . . . . . . . . . . . . . . . . . . . . . . . .114
6.2 Vivendo numa prisão superlotada . . . . . . . . . . . . . . . . . . . . . . . . . . . . . . . . . . 118
6.3 A explosão demográfica dos animais domésticos . . . . . . . . . . . . . . . . . . . . . . 124
6.4 O mundo ficou mais violento? . . . . . . . . . . . . . . . . . . . . . . . . . . . . . . . . . . . . . 130

## CAPÍTULO 7
### A GRANDE ACELERAÇÃO: CARNIVORIZAÇÃO DA ALIMENTAÇÃO E IMPACTOS AMBIENTAIS . . . . . . . . . . . . . . . . . . . . . . . . . . . . . . . . . . . . . . . . . . .133
7.1 Carnivorização da alimentação . . . . . . . . . . . . . . . . . . . . . . . . . . . . . . . . . . . . 134
7.2 Impactos ambientais: desmatamento e aquecimento global . . . . . . . . . . . . . .141

## REFERÊNCIAS . . . . . . . . . . . . . . . . . . . . . . . . . . . . . . . . . . . . . . . . . . . . . . . . . . . . .155

## ÍNDICE REMISSIVO . . . . . . . . . . . . . . . . . . . . . . . . . . . . . . . . . . . . . . . . . . . . . . . .173

# INTRODUÇÃO

Na primeira década do século XXI, quase ninguém sabia no Brasil o que significava "vegano" ou *"vegan"*, e eu tinha que explicar para todas as pessoas que me perguntavam a respeito. Hoje, a palavra "vegano" já é disseminada popularmente, estando presente em inúmeros produtos alimentares ou não e menus em restaurantes, supermercados e lojas. O número de vegetarianos e veganos cresceu, mas ainda é pequeno no país, e o termo vegano é conhecido, ainda que superficialmente, pela população em geral. No entanto, a profundidade do conceito e todas as possibilidades que se abrem nesse quesito ainda é pouco explorado na academia, incluindo na área de História. O tema da violência, por exemplo, normalmente é entendido como as coisas ruins que os humanos fazem uns com os outros, e muito menos se pensa ou estuda a respeito da violência contra os animais, apesar da escala muito maior do fenômeno. Nesse sentido, a proposta desse livro é compreender o papel dos animais ao longo da história, utilizando-se uma abordagem vegana. Espera-se que essa seja uma forma nova de compreender as muitas maneiras como nos relacionamos com os animais ao longo da história da humanidade.

Se a abordagem vegana nos estudos históricos pretende ser uma inovação neste livro, certamente que o material utilizado como fonte já é conhecido pelos historiadores ou outros pesquisadores. Nesse sentido, este livro funciona como um esforço de ligar muitos pontos que já são conhecidos, mas que em geral estão desconexos na literatura acadêmica. Ao fazer isso, a expectativa foi criar uma síntese que possa ser útil aos pesquisadores interessados no tema dos animais e da filosofia vegana e que colabore para novos *insights* de pesquisa. Por abordagem vegana eu compreendo, aqui, aquela que leva em conta os direitos dos animais, da forma como tem sido elaborada por inúmeros autores acadêmicos na área da filosofia ou de outra forma mais explícita, compreendendo os animais como seres autônomos, com sua própria dignidade e com o direito de viver sem sofrimento ou morte evitáveis, que sejam reconhecidos como seres independentes de qualquer propósito humano que tenha sido inventado ao longo dos tempos. Essa abordagem não é tão exata, pois comporta variações e nuances que estão em curso nos debates da filosofia, como veremos.

Ao mesmo tempo, estou ciente do desafio sempre lembrado pelos historiadores de que é preciso compreender o passado nos seus próprios termos, para que não contaminemos o estudo da história com os preconceitos do presente. Sobre essa questão, vivemos numa época em que as pessoas estão especialmente sedentas em criticar o passado, derrubar estátuas, mudar nomes de ruas e outros lugares, uma verdadeira briga contra o passado ou contra a forma como se entende até então o passado. Nesse sentido, este livro também é um esforço revisionista de procurar reinterpretar muitas questões da história, a partir de uma filosofia vegana, que é na verdade muito antiga, como veremos, mas que só vem ganhando algum espaço no debate público nas últimas décadas. Mas ao mesmo tempo, ao longo deste livro, procuro me distanciar dessa abordagem especialmente estridente ou militante que ocorre em vários campos na academia e que busca inserir causas políticas específicas em suas análises, em uma espécie de compromisso com o politicamente correto *woke* que acaba atropelando o rigor argumentativo e respeito pelas evidências científicas.

Assim, este livro pretende discutir o tema dos animais sob uma perspectiva vegana, mas sem ser doutrinário ou imune a qualquer crítica. Pelo contrário, espera-se que a partir deste livro seja possível discutir os conceitos, argumentos e dados trazidos aqui para que se possam aperfeiçoar as ideias discutidas. E se for possível refutar inteira ou parcialmente o que se apresenta ao longo dos capítulos, que assim seja, sempre no melhor espírito cético, de questionamento e de debate acadêmico e científico. Não tenho aqui a pretensão cínica de que meus argumentos são irrefutáveis, simplesmente porque estou ancorando nessa ou naquela abordagem. Os argumentos apresentados aqui devem ser, sim, mastigados e discutidos a exaustão, até que sobre algo útil e aproveitável, se tanto. Enfim, com estas palavras, defendo que não há como contornar o respeito pela razão e pela ciência e proclamar falsamente uma nova era pós-moderna ou identitária, como se fosse possível construir conhecimento válido sem o recurso necessário ao debate rigoroso (com a presença do contraditório), a argumentação clara e livre dos truques linguísticos e o respeito pelas evidências.

Ao longo dos últimos 15 anos, tenho me debruçado academicamente sobre o tema dos animais e do veganismo, principalmente a partir da disciplina de História, minha formação acadêmica. Os historiadores, no campo da História Ambiental, mas também através de contatos com a área da Antropologia, vêm nos últimos anos se interessando cada vez mais pelos animais enquanto objeto de pesquisa[1] (Duarte, 2019). No entanto, os contatos com os campos vitais da ética animal e o bem-estar animal ainda me parecem particularmente tênues. Por isso e pela minha trajetória no campo da história ambiental, estou ciente da necessidade de tratar do tema dos animais e do veganismo sob uma perspectiva interdisciplinar[2], buscando agregar vários conceitos, abordagens e metodologias de outras disciplinas para se estudar os animais ao longo da história. O leitor poderá verificar esse esforço interdisciplinar, que se espera frutífero, ao longo dos capítulos e nas referências trazidas como aporte. Espera-se, portanto, que leitores de diferentes formações acadêmicas na graduação e pós-graduação possam se beneficiar com este livro, embora ele tenha uma predominância de abordagem das ciências humanas.

A própria abordagem interdisciplinar neste livro desafia o conceito de animal. Na disciplina da Biologia, normalmente considerada a autoridade máxima para definir um animal, o conceito de animal é bastante amplo e envolve um conjunto bastante diversificado de seres que vai desde moluscos, nematelmintos, esponjas, cnidários e outros até os seres humanos. Neste livro, em contraste, assim como ocorre em debates na filosofia e nos campos de investigação que tratam do bem-estar animal, animais têm normalmente um conceito mais restrito, ou seja, são aqueles seres capazes de sentir dor ou prazer, no mínimo, mas também, em muitos casos, medo, angústia, estresse, alegria e outros estados mentais ou de "espírito". O conceito utilizado para tal é o de senciência. Humanos se tornam sencientes (capazes de sentir dor) provavelmente entre 8 e 12 semanas após a fecundação, segundo Thill (2022). Outros mamíferos, aves e peixes são incontestavelmente sencientes. Outros seres são provavelmente sencientes, como moluscos cefalópodes (lulas e polvos), crustáceos decápodes (siris, camarões, lagostas e caranguejos), enquanto os insetos provavelmente não têm essa capacidade e estão nessa área

---

[1] Por exemplo, em 2023 e 2024, sob a organização de André Vital, Diogo Cabral e Regina Duarte, a *Revista Historia Ambiental Latinoamericana y Caribeña* (Halac) estava com chamada aberta para receber trabalhos dedicados à história dos animais na América Latina e Caribe.

[2] Estou ciente de que a abordagem interdisciplinar não é nenhuma panaceia para os problemas acadêmicos ou sociais. Pode funcionar dependendo da forma de utilizar ou do contexto, ou pode simplesmente ser usado como desculpa ou slogan para certos estudos, que pouco ou nada contribuem para o avanço do conhecimento. Para uma reflexão importante, ver Graff (2016).

cinzenta de transição da vida entre os seres sencientes e os claramente não sencientes, como os vegetais e microrganismos em geral (Birch *et al.*, 2021; Adamo, 2019).[3]

Outra forma como a biologia e as ciências naturais costumam abordar os animais e que contrasta com a perspectiva desse trabalho, é no conceito de espécies ameaçadas de extinção. Ora, espécies são entidades abstratas e, portanto, não se sentem ameaçadas, quem se sente ameaçado são todos os animais reais que correm perigo de vida ou que sentem que sua vida está em perigo. Nesse sentido, animais ameaçados englobam muitas espécies, desde galinha, porco, boi até o mono-carvoeiro e a gralha-azul. Essa forma de entendimento desnuda qual abordagem está realmente preocupada com os animais e qual quer preservar genes e ecossistemas para o usufruto humano, ou seja, tratam os animais como recursos naturais, e não como indivíduos como um fim em si mesmos. Portanto, este não é um livro sobre a "fauna", mas sobre animais, o que não exclui a preocupação com os animais silvestres, afinal, eles também são criaturas sencientes.

É importante deixar claro aqui que, ao propor uma abordagem vegana, este trabalho não adota uma postura radical de condenação de qualquer tipo de abate de animais, em qualquer circunstância. A vida dos animais tem muito valor e deve ser respeitada, mas não um valor igual à vida humana, claramente superior, como veremos pelas discussões filosóficas no Capítulo 1. Isso significa que em alguns casos existem conflitos de interesse entre humanos e animais e isso deve ser refletido caso a caso. Uma perspectiva vegana não necessariamente precisa estar comprometida com a proibição absoluta do ato de matar. Animais humanos e não humanos vivem e morrem todos os dias. Viver e morrer faz parte da vida, embora todas as criaturas sencientes lutem, esforcem-se para continuar vivos. O que uma perspectiva vegana indica é que os animais deveriam ter um status moral muito superior ao predominante na sociedade e nas leis, mais respeito à vida desses seres e não abater e maltratar milhões para propósitos banais como prazeres gastronômicos, quando existem alternativas saborosas ao paladar e nutricionalmente adequadas. Se essa perspectiva for considerada em suas implicações, não só as relações com os animais serão alteradas, na produção de alimentos e na experimen-

---

[3] Isso não significa que os seres não sencientes não tenham algum valor por si só, pois, afinal, são seres vivos também, mas em primeiro lugar eles não podem se sentir machucados ou prejudicados pela ação dos outros, como acontece com os animais. Para explorar possibilidades filosóficas de atribuição de valor à vida de todos os seres vivos, incluindo os animais e os seres humanos, ver Schlottmann e Sebo (2019).

tação científica, mas também o nosso próprio entendimento da história terá que ser revisto. Além do mais, ao longo da história, como veremos, outras sociedades ou contextos históricos tiveram valores diferentes em relação aos animais, o que não implica que seja necessário adotar uma postura relativista e considerar os animais como menos importantes ou valiosos no passado do que hoje.

    Assim, animado por essas ideias, o tema geral do livro é, portanto, os animais na história. Ao se aprofundar, fica difícil escapar a conclusão de que grande parte da história da humanidade foi e é vivenciada numa relação de violência e exploração contra os animais, pois sendo nós mesmos animais com uma certa dose de violência, embora intelectualmente mais capazes, só temos a capacidade de escapar dos nossos instintos violentos e destrutivos sob certas condições culturais e materiais. Assim, embora o tema da violência e da crueldade contra os animais sejam predominantes neste livro, também abordo as possibilidades intelectuais e práticas de superação dessas violências e como fomos capazes de construir interações positivas e solidárias em relação aos animais em muitos contextos históricos. Dessa forma, este livro não advoga nenhum tipo de determinismo do tipo "o ser humano sempre foi violento e nunca vai mudar" ou "se na natureza as leis são essas, não há nada mais para fazer". Da mesma maneira, também não há a proposição de soluções utópicas fracassadas, como se pudéssemos construir uma sociedade ou um meio ambiente livre de todo tipo de violência, simplesmente por meio de algum tipo de mensagem edulcorada fantasiosa ou mais alguma revolução violenta inédita para derrubar a ordem política vigente. Enfim, nesse tema dos animais e do veganismo, é preciso jogar luz e nos debruçar para podermos compreender as complexidades, as nuances, e evitar os simplismos e atalhos fáceis que não existem. E para isso, as ferramentas intelectuais disponíveis são as existentes há muito tempo. Talvez não seja só uma coincidência ou ironia que o filósofo grego Pitágoras seja a mais antiga referência ocidental sobre o tema vegetariano. Ou seja, é preciso cuidadosamente conhecer, estudar, refletir, conversar, como um filósofo.

    Este livro funciona como uma crítica ao capitalismo? Propõe mais Estado ou menos Estado? Veganismo pelo mercado e por meio de grandes ou pequenas empresas? Talvez as empresas de carne atuais possam se transformar em empresas veganas, uma possibilidade real. Essas questões são importantes para um mundo mais justo e merecem mais estudos, mas o objetivo aqui não é tentar respondê-las, até porque esses são debates que existem em outras áreas de investigação, e o objetivo aqui é explorar uma perspectiva animal ou vegana nos seus próprios méritos, e não como um avatar ou veículo para entender outros temas. Ao mesmo tempo, isso serve para mostrar que o veganismo e os direitos dos animais são compatíveis com um amplo espectro político ou filosófico, da esquerda para a direita, religioso ou não, de mais Estado para menos Estado, de uma solução vegana via mercados para uma solução vegana com forte intervenção estatal. Historicamente, esse também tem sido o contorno dos debates, com amplas variações de opiniões políticas entre os veganos/vegetarianos, e acho que seria um desserviço tentar utilizar o tema central deste livro, como ocorre com outros temas, como uma espécie de *proxy* ou munição para tratar de temas alheios aos debates sobre os animais. Ao mesmo tempo, tentar construir uma imagem de que o veganismo e os direitos dos animais (ou uma perspectiva animal na história) precisam ter necessariamente essa ou aquela identidade política específica é ignorar o amplo e diversificado debate filosófico que existiu ao longo dos séculos em torno dessas ideias (Preece, 2005; Stuart, 2006).

Neste ponto, o leitor já deve ter imaginado que tratar dos animais na história é um tema muito amplo para ser abordado num livro pequeno como este. Muita coisa ficou de fora ou recebeu pouca atenção, apesar da relevância, é verdade. Por exemplo: zoológicos, circos, touradas e outras formas de entretenimento, experimentos científicos que utilizam animais, pesca, pets, animais como mascotes e símbolos religiosos ou na arte (música, pintura, escultura, teatro, cinema etc.[4]).

De qualquer maneira, considerando a escassez de trabalhos dedicados ao tema com essa abordagem, especialmente em língua portuguesa, o objetivo do livro é abrir caminho para novas frentes de reflexão e investigação histórica e em outras áreas, apontando direções, conceitos, metodologias e autores. Com esse intuito, acredito que foi possível refletir sobre a história de uma maneira nova. Tenho certeza de que outros pesquisadores vão conseguir e já estão expandindo muito esses horizontes e irão ampliar e aperfeiçoar nossa compreensão sobre os animais e seu papel ao longo da história.

---

[4] Uma série de livros interessantes e que exploram essas temáticas é a *Animal*, da Reaktion Books, e com um livro para cada espécie de animal, num total de mais de 100 livros. Alguns deles inclusive foram utilizados como referência no presente livro. Disponível em: https://reaktionbooks.co.uk/series/animal. Acesso em: 29 mar. 2024.

O livro está estruturado em sete capítulos. O primeiro capítulo tem um caráter predominantemente filosófico, ao esmiuçar o que estou entendendo por abordagem vegana e que, portanto, dá suporte à compreensão da história elaborada nos demais capítulos. Acredito que é preciso discutir essas ideias para perceber ou aquilatar a importância dos animais no presente e no passado. Aqui, já é necessário esclarecer que seria um absurdo pensar que os animais eram diferentes no passado só porque eles foram concebidos de uma forma diferente por diferentes pessoas e culturas. Percebo que de modo geral a literatura filosófica e histórica sobre os animais não costuma conversar, o que é um problema para ambos os campos disciplinares, e assim a ideia aqui foi tentar construir essa ponte. No segundo capítulo, a proposta foi elaborar um histórico das sensibilidades favoráveis aos animais. Utilizo o termo "favoráveis", pois o objetivo não foi tentar abarcar tudo o que se pensa (positivo ou negativo) sobre os animais, tarefa que seria ainda mais imensa e complexa, mas compreender quais foram os principais pensadores e contextos culturais em que emergem ideias que reconhecem o valor moral dessas criaturas. Além disso, apresenta-se uma discussão sobre se a violência dos humanos contra os animais é algo inato ou construído e os possíveis matizes dessa questão.

O Capítulo 3 apresenta um panorama da história do vegetarianismo, um tema ainda pouco estudado, mesmo em língua inglesa, considerando-se os muitos detalhes e questões a serem elucidados, e considerando-se a relevância desse tema para a compreensão das relações entre humanos e animais ao longo da história. A forma como escolhemos ou fomos impelidos parcialmente pela natureza a matar e comer animais foi um forte influenciador da nossa condição humana e da forma como pensamos sobre os animais. O Capítulo 4 trata da importância e do papel que os animais domésticos tiveram para o desenvolvimento da civilização antes da era das máquinas, com a Revolução Industrial. A ideia foi evidenciar o papel dos animais como força motriz e máquina de guerra em diferentes contextos, antes do advento dos motores nos séculos XVIII e XIX. Escravidão e trabalho extremamente penosos, como se percebe, não foi algo exclusivo dos seres humanos marginalizados ou despossuídos.

O Capítulo 5, em contraste aos demais, utiliza um recorte mais específico, com o objetivo de apresentar um estudo de caso sobre um determinado contexto histórico de relacionamento entre humanos e animais, a saber, a sociedade gaúcha dos Pampas do Sul do Brasil. Esse estudo de caso ajuda a compreender realidades de outros tempos e lugares, pois aborda tropeiros, sociedades instaladas em campos nativos e que utilizam extensivamente a montaria como trabalho e arma de guerra, e a formação de latifúndios baseados em pecuária extensiva e formação de fronteiras nacionais/estaduais.

O Capítulo 6, intitulado "Holocaustos Animais: a industrialização da produção", investiga quais são as condições científicas, tecnológicas e econômicas que tornaram possível a emergência da pecuária industrial, bem como as terríveis consequências que essas práticas infligiram aos animais. Ao mesmo tempo, o contexto da Revolução Verde permitiu uma explosão demográfica no século XX não só entre os humanos, mas também na população de animais domésticos ou instrumentalizados para a produção alimentar.

Por fim, o Capítulo 7 aborda as consequências alimentares e ambientais históricas da pecuária industrial, focando no aumento exorbitante do consumo de carne após a modernização da agricultura (na chamada "carnivorização" da alimentação) e as evidências científicas na área de nutrição, bem como nos impactos ambientais em termos de mudanças climáticas e desmatamento oriundos dessas atividades. Nesse capítulo e no anterior, utilizei muitos dados quantitativos e estudos científicos de áreas diversas às ciências humanas, na esperança de construir pontes entre metodologias, conceitos e conteúdos relevantes para o entendimento da relação humanos-animais. No final do livro, elaborei uma linha do tempo, numa espécie de síntese dos capítulos, um esquema simplificado e necessariamente incompleto, mas para ajudar a pensar nas grandes fases da história das relações entre humanos e animais.

Os capítulos apresentam apenas uma abordagem preliminar sobre os temas apresentados, pois não tive a pretensão e nem as condições para ser mais detalhado. Muito mais precisa ser aprofundado em cada tema, e por isso procurei apontar referências importantes ao longo de cada capítulo, para que os leitores possam buscar os temas específicos que lhes interessam mais. Preferi a abrangência ao detalhamento, pois pressenti que havia necessidade de uma síntese para um livro como esse. O leitor poderá julgar, por fim, se havia mesmo essa necessidade. Boa leitura!

# CAPÍTULO 1

## AS BASES FILOSÓFICAS PARA UMA ABORDAGEM VEGANA: DO ESPECISMO AO IDENTITARISMO?

> *Se os animais já não estão inteiramente fora da esfera moral, ainda estão separados dos humanos, numa seção especial perto da borda exterior. Os seus interesses só podem contar quando não entram em conflito com os interesses humanos. Se houver um conflito – mesmo um conflito entre uma vida inteira de sofrimento para um animal e as preferências gastronômicas de um ser humano – os interesses dos não-humanos são desconsiderados.*
> (Peter Singer, 2023, p. 238)

Na era do atual caos informacional e das *fake news*, a proposta deste livro é refletir academicamente, ou seja, filosófica e cientificamente sobre a condição dos animais no presente e na história. Termos como vegano, vegetariano, direitos dos animais e bem-estar animal se tornaram onipresentes nos últimos anos e exigem uma reflexão mais aprofundada do que o ambiente virtual de consumo das redes sociais pode proporcionar. Em particular, é oportuno refletirmos sobre a violência contra os animais, já que a noção de violência é normalmente aplicada apenas ao que acontece entre os seres humanos. Violência contra a mulher, homicídios, guerras são temas caros aos historiadores e outros pesquisadores, mas a ideia de violência contra os animais ao longo da história é pouco explorada ou considerada algo como uma nota de rodapé, apesar da amplitude desse tema, se dedicarmos um pouco mais de tempo para refletir sobre isso.

Para percorrer esse caminho, inicialmente neste capítulo a via escolhida será a filosofia, em especial a ética. Embora outras abordagens tenham privilegiado a antropologia ou a sociologia ou mesmo a biologia, considero que a filosofia tem muito a contribuir na discussão sobre a condição dos animais. Infelizmente as frutíferas reflexões acadêmicas que ocorrem na filosofia acabam se tornando um nicho acadêmico pouco conhecido pelas outras áreas do conhecimento, especialmente nos detalhes que importam e fazem a diferença no sentido de uma compreensão mais aprofundada sobre o tema.

## 1.1 Humanos e natureza ou humanos, animais e natureza?

Na discussão ética da filosofia, o conceito de ser humano ou de animal não segue exatamente a definição da biologia. Em primeiro lugar, a biologia não separa o animal humano dos outros animais, afinal, somos todos resultados de um mesmo processo evolucionário. Mesmo assim, na filosofia e nas ciências humanas, sabemos que existe uma diferença óbvia entre animais humanos e não humanos, afinal, moscas, galinhas ou macacos não foram capazes de construir civilizações avançadas, ciência, arte ou filosofia. Essa diferença óbvia entre os humanos e os não humanos (incluindo animais, plantas, microrganismos, minerais, ecossistemas etc.) acaba gerando a abordagem dicotômica ser humano e natureza ou sociedade e meio ambiente. Esse tipo de abordagem dá nome a muitos cursos e programas de pós-graduação e apresenta várias nuances em diferentes abordagens em como se processa essa interação entre o ser humano e a natureza e amplamente estudada pelos historiadores ambientais. Desde a radicalidade dos pós-modernistas que concebem a natureza como meramente um construto do pensamento até as abordagens que reconhecem a natureza como algo distinto e essencialmente independente do mundo humano (Worster, 2003). A abordagem dicotômica ser humano e natureza pode ser representada como na imagem a seguir:

Figura 1 – Natureza e ser humano

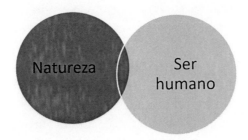

Fonte: elaboração do autor

Na imagem anteriormente, eu escolhi inserir uma pequena área de sobreposição entre os dois campos, pois o ser humano não é 100% humano, mas pelo menos tem alguma parte na sua dimensão biológica, corporal, bioquímica, ou seja, natural.

Essa abordagem dicotômica pode ser descrita como antropocêntrica, pois normalmente a natureza é entendida como uma fonte de recursos à disposição da sociedade, podendo ser explorada livremente ou pelo menos explorada com cautela, para que os recursos não se esgotem, como é o caso do conceito de desenvolvimento sustentável. Outra possibilidade nessa abordagem dicotômica é o biocentrismo ou ecocentrismo, em que espécies ou ecossistemas são considerados valiosos em si mesmos, independentemente da utilidade que possam ter para os seres humanos (Schlottmann; Sebo, 2019). Essa última abordagem é considerada radical pela maioria das pessoas e pode levar a considerações práticas difíceis de conciliar coerentemente com o estilo de vida da moderna civilização. Ainda assim, para muitas pessoas, especialmente os que apreciam o valor da natureza, parece haver algo intuitivamente correto na ideia de que a Natureza tem um valor próprio e que nós não deveríamos destruir o Meio Ambiente e transformar tudo em concreto e asfalto. Pensadores que souberam explorar essa corrente filosófica incluem desde Thoreau, Muir até a *Deep Ecology*.

Entre os extremos do antropocentrismo e do biocentrismo, a filosofia animal nos ajuda a compreender e refletir sobre um meio termo e ao mesmo tempo uma abordagem diferente sobre a questão. Um meio termo que talvez esteja inclusive alinhado às intuições de muitas pessoas, mas que elas não tiveram ainda a oportunidade de refletir com mais rigor acadêmico e científico sobre o tema. A abordagem que inclui a filosofia animal pode ser representada graficamente da seguinte forma:

Figura 2 – Humanidade, animais e o resto da natureza

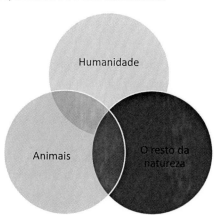

Fonte: elaboração do autor

Aqui, já pudemos observar que a reação de muitas pessoas é de desaprovação quanto a separar animais e o "resto da natureza". Afinal, animais fazem parte da natureza, pelo menos os animais selvagens. Mas, lembrando do que afirmamos mais anteriormente, é importante termos clareza que o conceito de ser humano, animal ou de ser vivo não é o mesmo na Biologia e na Filosofia. Por isso, ao considerarmos uma abordagem filosófica sobre os animais, é importante termos clareza dessa diferença. Assim, quando os filósofos falam sobre Direitos dos Animais, como David DeGrazia (2002), eles não estão falando geralmente sobre os direitos das moscas ou dos pernilongos, mas essencialmente os direitos das vacas, dos porcos e dos cães etc. Obviamente que os filósofos entendem, assim como os biólogos, que os insetos também fazem parte do Reino Animal, como um grande grupo na biologia, incluindo aí o *Homo sapiens*.

## 1.2 Senciência

Uma forma de entender essa diferença são as discussões na bioética envolvendo embriões e fetos humanos. Embriões humanos são biologicamente membros da espécie humana (*Homo sapiens*), no entanto eles não têm (ainda) as características que nós normalmente atribuímos a um ser humano, isto é, racionalidade, capacidade de falar, de criar cultura, de ter empatia, consciência de si próprio e de sensações como dor, prazer, sofrimento, alegria, estresse etc. Afinal, quando vamos diferenciar os humanos de outros animais, apelamos para várias dessas características listadas anteriormente. Ao invés disso, os embriões humanos se parecem mais com seres biologicamente mais primitivos, inteiramente comandados por processos bioquímicos, sem qualquer evidência de ação consciente ou capacidade de ter sensações. Isso não significa que os embriões humanos ou de outros animais não têm qualquer valor, mas que simplesmente são seres diferentes e que não faz sentido utilizarmos numa abordagem filosófica um critério puramente biológico. Ao refletirmos mais sobre esse termo, damo-nos conta que nos tornamos realmente humanos quando amadurecemos, a partir da adolescência, pois muitas características humanas, como racionalidade, linguagem e ação consciente, estão faltando ou ainda incompletas em embriões, fetos, bebês, crianças pequenas e mesmo em adultos e idosos com incapacidade mental grave.

Outra forma de caracterizar o humano tem origem na noção de empatia e ajuda, quando utilizamos o termo humanitário ou gesto humano para nos referirmos à nossa capacidade de se sentir compadecidos pela dor dos outros (humanos ou animais) e ajudamos outros, mesmo correndo riscos (Singer, 2019). Novamente, esse sentimento "humano" não está presente em embriões, fetos, bebês e mesmo talvez em crianças bem pequenas.

Portanto, fica claro que as características "humanas" não seguem uma demarcação biológica rígida, mas se desenvolvem à medida que membros da espécie *Homo sapiens* atingem a maturidade. Da mesma forma, para compreender a condição dos animais, não basta analisar no seu conjunto todas as espécies do Reino Animal, mas entender quais são as características relevantes, do ponto de vista filosófico, para compreender a condição dos animais na história. Ou seja, faz-se necessário ultrapassar uma compreensão puramente biológica do papel dos animais para os ecossistemas e para a sobrevivência humana, como seres apenas integrantes da natureza. Afinal, quando falamos de animais, não estamos nos referindo apenas ao seu papel na ecologia e na biodiversidade, mas estamos nos referindo a uma dimensão própria de seres, de seres que compartilham espaços na civilização humana, dentro das nossas casas e famílias em muitos casos, que compartilham com os humanos toda uma gama de estados mentais que são vitais para a sobrevivência, bem-estar e que dão sentido para a existência, a saber: dor, sofrimento, estresse, tristeza, prazer, contentamento, empolgação, alegria.

Por esse motivo, mais do que a espécie, gênero, classe ou família, o conceito de senciência é central para o debate animal, pois permite demarcar quais são os seres (animais ou não, humanos ou não) capazes de sentir alguma coisa relevante, como dor, prazer e sofrimento. Ou seja, sencientes são os seres capazes de sentir dor ou prazer, enquanto não sencientes são todos os animais e plantas incapazes (provavelmente) de ter sensações como essas descritas. A senciência é uma característica especialmente relevante, pois sabemos que sentir dor é algo ruim para quem sente, por exemplo. De maneira geral, os sencientes estão localizados no grupo dos vertebrados e alguns invertebrados, como descritos na Introdução deste livro, com exceções e zonas cinzentas, fronteiras não tão nítidas. Ou seja, existe um consenso acadêmico de que o grupo dos sencientes inclui (no mínimo) uma série de animais bem conhecidos, como bois, cavalos, porcos, frangos, ovelhas, cabras, peixes, baleias, golfinhos, cães, gatos e pássaros silvestres. Os sencientes tem sistema nervoso central, capazes de processar subjetivamente estímulos corporais obtidos no contato com o meio ambiente.

Por outro lado, as plantas, por exemplo, são não sencientes, pois não têm sensações ou estados mentais, embora fisiologicamente e bioquimicamente sejam seres de extrema complexidade e apresentem ciclos vitais como os animais, a saber, nascimento, reprodução e morte. As plantas (individualmente falando) inclusive podem se beneficiar de certas mutilações ou podas que fazemos com elas, ao ajudar no seu crescimento e desenvolvimento. Mas elas não podem se sentir felizes ou gratas por isso, como os humanos e animais, pois não têm capacidade cerebral ou nervos para prover esse tipo de sensação subjetiva.

## 1.3 Especismo

O leitor mais familiarizado com esse tipo de discussão anterior poderá se aprofundar mais com as referências citadas. Normalmente, uma leitura-chave nessa questão e que teve uma grande influência no debate é o livro *Libertação Animal*, do filósofo Peter Singer, originalmente publicado em 1975, mas que só teve uma edição brasileira em 2004. Essa demora, ao chegar no Brasil ajuda a explicar muito da pouca penetração no Brasil em relação à disseminação pública das ideias sobre ética animal e vegetarianismo. Singer faz parte da corrente filosófica utilitarista, um ramo consequencialista da ética, que tem origem em Bentham, Mill e Sedgwick, com possíveis raízes em Epicuro. Outras abordagens filosóficas possíveis dentro da filosofia animal incluem correntes deontológicas, influenciadas pelo kantianismo, como Tom Regan (2020), e as teorias relacionais, como Carol Adams (2018).

Particularmente importante para descrever o pensamento de Singer (2023) sobre os animais é o conceito de especismo. Por analogia ao racismo e ao sexismo, que são preconceitos contra pessoas de outras raças ou sexo, o especismo é o preconceito humano contra outras espécies de animais sencientes. Esse preconceito se manifesta quando não levamos em conta a capacidade dos animais sencientes de sentir dor e prazer de uma maneira igual ou similar a nossa. Ou seja, quando consideramos que a nossa própria dor ou prazer é mais importante do que a dor ou prazer dos animais. Assim, para Singer, toda vez que menosprezamos o sofrimento dos animais, como se fosse algo menos significativo que o nosso próprio sofrimento, estamos sendo especistas. Afinal, a capacidade de sentir dor ou sofrer ou sentir prazer e alegria não é um atributo exclusivo dos seres humanos, mas igualmente desenvolvido em muitas espécies do Reino Animal, pois foram capacidades cerebrais/sensoriais desenvolvidas em milhões de anos de evolução biológica.

Para Singer e muitos utilitaristas, especismo se refere apenas ou principalmente às questões que envolvem dor ou prazer, e não ao ato de matar um animal ou uma pessoa.[5] Assim, Singer corrobora à intuição de muitas pessoas de que a vida de um porco tem menos valor do que a vida de uma pessoa, mas a dor do porco é tão importante quanto a dor da pessoa, pois ambos os seres têm a mesma capacidade de sentir dor, e seria arbitrário pensar que a dor humana é mais relevante, pois o porco tem um sistema nervoso tão bem desenvolvido quanto o nosso. Singer e os utilitaristas consideram a vida humana a mais valiosa de todas no Reino Animal, e assim o nosso sistema legal se expressa a respeito, considerando como assassinato ou homicídio a morte provocada de outro ser humano, e apenas sacrifício ou abate à morte provocada de outro animal. Enquanto o abate de um ser humano é considerado um crime hediondo, o abate de um animal é considerado como moralmente neutro ou até positivo, como é o caso da indústria frigorífica, que comemora as ampliações de abates diários em suas fábricas. Ou seja, enquanto os seres humanos são vistos como indivíduos ou sujeitos pelo nosso sistema legal, os animais são considerados coisas ou propriedades, com valor comercial de compra e venda, e, portanto, desprovidos de proteção legal, pelo menos num grau muito inferior aos humanos.

Precisamente devido a essas questões apontadas e apesar da influência de Singer e outros utilitaristas para a disseminação das ideias favoráveis aos animais, muitos defensores dos animais acusam Singer e os utilitaristas de "bem-estaristas", ou seja, apenas preocupados com o bem-estar dos animais enquanto eles estão vivos, deixando pouca atenção filosófica para tratar de assuntos como abate, abate "humanitário", uso e exploração dos animais para fins humanos (Francione, 2013).

## 1.4 Coisificação e antropomorfismo: os animais não são pessoas e também não são coisas

Uma forma de introdução às nuances do debate filosófico sobre os animais é compreender os polos opostos ou extremos das considerações sobre os animais. De um lado, temos a coisificação, ou seja, as atitudes que

---

[5] O debate tem muitas nuances que não tive tempo aqui para aprofundar, e para evitar fugir demais do tema principal. Para quem tiver interesse em se aprofundar mais sobre o que pensam os utilitaristas a respeito do ato de matar, ver Singer (2019) e Visak (2011).

consideram os animais como meras coisas, assim como outros objetos e seres vivos presentes no nosso meio ambiente, e que podemos utilizar como quisermos, para maximizar o nosso próprio bem-estar. A maioria das pessoas simplesmente não aceita essa visão, pois não vê os animais como simples coisas, mas raramente estão dispostas a aceitar que os animais devem estar protegidos legalmente contra o sofrimento causado pelos humanos ou que os animais têm o direito à vida ou de não ser explorados pelos humanos. Um exemplo prático em que os animais são vistos como coisas ou quase isso pelas autoridades são nos episódios lamentáveis de zoonoses que apresentam riscos severos para os humanos. No desenvolvimento da doença da vaca louca (BSE), no Reino Unido, nos anos 1990, 4,4 milhões de bovinos foram sacrificados para conter a doença, enquanto 178 pessoas morreram entre 1995 e 2018 pela variante humana da doença (Doença de Creutzfeldt-Jakob – vCJD) (Doença [...], 2018). No caso da gripe aviária, até 2008, esta causou 245 óbitos em humanos e só entre 2003 e 2007 foram sacrificadas 1,5 milhão de aves para a prevenção da disseminação do vírus (Andrade *et al.*, 2009). Essas mortes provocadas desses animais não são lamentadas pela imprensa ou pelas autoridades e o foco da preocupação é exclusivamente humano, pelas consequências na saúde da população. Mas até em situações bem mais prosaicas essa coisificação pode se manifestar, como pelo costume de amarrar cães em cordas pequenas em pátios apertados, como se esses animais não tivessem necessidades psicológicas e físicas de se exercitar e explorar o seu meio ambiente, ou quando filhotes são presenteados a crianças, muitas vezes sem levar em conta que um cachorro ou um gato vai viver por muitos anos junto à família, e que não pode ser simplesmente descartado como um brinquedo convencional, que acaba estragando e vai parar no lixo.

No outro extremo, podemos falar do antropomorfismo, que são certas atitudes radicais que pretendem defender que os animais têm tanto direito à vida quanto os humanos e que se expressam em certos comentários populares, por exemplo, de que uma pessoa que comete crueldades e mortes contra cães merece morrer. Ou de que deveríamos fazer esforços extraordinários, heroicos, para salvar a vida dos animais, colocando a vida de outras pessoas em risco, por exemplo, ao tentarmos fazer conversões perigosas numa estrada para não atropelarmos um pássaro ou um cachorro. O antropomorfismo também se manifesta em certas atitudes populares que atribuem características humanas aos animais, como se os animais precisassem ou se importassem em usar roupas ou acessórios da moda ou festas de aniversário.

No debate acadêmico da filosofia, essas posições extremas são criticadas, e temos boas razões para considerar os animais não apenas como meras coisas ou meros números de seres abatidos, enquanto cada humano é contado como uma vítima. Ao mesmo tempo, não precisamos chegar à conclusão radical de que as vidas humanas e animais têm o mesmo valor e que ficaríamos em dúvida sobre situações entre escolher a vida de um ser humano e de um animal. Como admite Singer e outros filósofos dedicados à questão animal, a vida humana tem mais valor do que a dos animais, pela maior complexidade subjetiva inerente ao ser humano, que envolve desejos e projetos orientados para o futuro distante, algo ausente ou praticamente ausente para os animais. Ou seja, para uma abordagem vegana, não precisamos ameaçar a santidade da vida humana, mas deveríamos elevar mais o status dos animais, se quisermos ter mais coerência sobre os fundamentos dos princípios éticos.

## 1.5 Bem-estar animal e direitos dos animais

O conceito de bem-estar animal vem cada vez mais ganhando popularidade e aceitação dentro da academia e fora dela, inclusive nas áreas dedicadas à produção pecuária. Para muitas pessoas, bem-estar animal é garantir dignidade e proteção aos animais, mas na verdade o conceito tem uma falha central, que é a ausência de proteção contra o abate. Ou seja, o conceito de bem-estar animal, na sua forma mais aceita, não questiona o abate dos animais, mas apenas os sofrimentos ou desconfortos causados enquanto o animal está vivo, pois, se o animal é abatido de forma indolor, parece não haver nenhum problema nisso. Essa é a ideia defendida em livros bastante influentes na academia, como foi o caso do *O dilema do onívoro*, de Michael Pollan (2007), em que ele descreve galinhas felizes sendo criadas soltas e depois sendo abatidas de forma praticamente indolor. Como os animais em geral não têm um conceito sobre morte ou morrer e não sabem a hora em que vão morrer, a morte não teria qualquer problema para esses animais que tiveram uma existência feliz e que se não fosse por esses sistemas de criação de animais soltos e que levam em conta o seu bem-estar, esses animais nem sequer existiriam, pois não haveria demanda para consumi-los.

Essa argumentação se tornou parte do *mainstream* relacionado ao bem-estar animal, que é precisamente se importar com os animais apenas enquanto eles estão vivos e considerar o abate como um problema inexistente. Essa argumentação se torna confortável para aqueles que pretendem defender a existência da pecuária e do consumo de carne, pois não ameaçam certas práticas correntes. Assim, grandes empresas do setor cárneo, como a JBS e a BRF, dizem-se preocupadas com o bem-estar animal e parece não haver nenhuma incoerência com o fato dessas empresas promoverem o abate de milhares de animais todos os dias. Nesse sentido, essas empresas utilizam o conceito de "abate humanitário", como se o abate em si pudesse ser caracterizado como um gesto humanitário perante um animal, com exceção dos casos em que o animal apresenta uma enfermidade incurável e muito debilitante, sem perspectiva de melhora (JBS, 2024; Nossas práticas [...], 2024). Por exemplo, no site da BRF afirma-se: "tornar os animais insensíveis à dor antes do abate é fundamental para o nosso compromisso de garantir que os mais altos padrões de bem-estar animal sejam atendidos" (Nossas práticas [...], 2024).

Essa situação, nas palavras da filósofa Tatiana Visak (2011, 2015), levou à ironia de ser proibido chutar um animal, mas não matar um animal, o que parece um grande contrassenso, pois todo animal, mesmo que não compreenda racionalmente o que é a vida, esforça-se por estar vivo e por evitar fontes que causem danos ao bem-estar físico do indivíduo. Se é tão importante se importar com o bem-estar desse animal, por que não se importar com a própria vida desse animal? Afinal, se um animal tem uma vida feliz, por que levá-lo para um frigorífico e interromper essa vida feliz? Se um animal tem o seu bem-estar respeitado, ou seja, tem espaço suficiente, alimentação adequada, proteção contra a chuva, o calor e frio, por que interromper sem um motivo de peso esse bem-estar?

Uma resposta para essas perguntas seria: porque esse animal não existiria, e seria melhor interromper uma vida feliz que não ter nenhuma vida, diriam os defensores desse argumento. Mas essa forma de pensar já foi objeto de atenção desde há muito tempo e por muitos vegetarianos e inclusive recebeu o nome de "Lógica da despensa", pelo vegetariano britânico Henry Salt (1914) (1851-1939). Gaverick Matheny (2005) argumentou que ao levarmos a "Lógica da despensa" até às suas consequências, é possível demonstrar a sua incoerência, pois se considerarmos válido o argumento de que é moralmente relevante ou até obrigatório trazer um grande número de animais sencientes com vida satisfatória a existência, uma forma mais eficiente de fazer isso do que a pecuária seria promover a recuperação ecológica natural de áreas degradadas ou mesmo estabelecer colônias de ratos que consomem poucos recursos e conseguem viver em grande número num pequeno espaço. Essa linha de raciocínio conduz ao que o filósofo Derek Parfit chamou de "Conclusão Repugnante", que é a ideia de que "temos razões morais para aumentar substancialmente a população de humanos e animais sencientes, se eles tivessem vidas que valham a pena, mesmo que isso reduzisse muito a qualidade média de vida." (Degrazia, 2009, p. 163).

Outro caminho filosófico para refutar a "Lógica da despensa" foi proposto por Tatjana Visak, em *Killing Happy Animals* (2011). Interromper o bem-estar de um animal feliz é um dano ao bem-estar futuro e provável desse animal, mesmo que ele não tenha uma concepção de futuro, pois a probabilidade de que ele tenha uma vida feliz é muito alta. A única forma de compensar a morte de um animal seria trazer um novo animal feliz à vida, o argumento da substitutibilidade, argumento discutido em detalhe por Visak. A filósofa defende, na mesma linha de pensamento de Henry Salt, que não podemos beneficiar um ser (humano ou animal) trazendo-o à existência, pois não podemos beneficiar um ser que ainda nem sequer existe. A partir do momento em que esse ser já existe, aí, sim, temos razões para se preocupar com o seu bem-estar e pela continuidade da sua vida.

Visak argumenta que o utilitarismo tem, ao contrário do que muitos pensam, as ferramentas intelectuais necessárias para argumentar coerentemente a favor da vida dos animais, e não simplesmente o seu bem-estar. Ou seja, tirar a vida de um animal causa prejuízo ao seu bem-estar, pois interrompe uma vida satisfatória, uma vida feliz, o que também é defendido por Yeates (2010). Como resultado dessa argumentação, no cenário defendido por Visak e outros, seria preferível um mundo vegano com menos animais, provavelmente de pets e animais vivendo em santuários[6], do que um mundo com mais animais "felizes" que vivem em fazendas, mas que acabam sendo abatidos para servir de carne aos humanos. Apesar da ideia intuitivamente interessante, mas controversa, de que trazer mais animais a existência seja algo bom, podemos argumentar coerentemente que interromper a existência feliz de um animal ou de um ser humano, ainda que de forma totalmente indolor e sem conhecimento da morte, é contrário ao bem-estar daquele ser, do seu desejo de continuar vivendo[7].

---

[6] Tive a oportunidade de visitar dois Santuários, no Canadá e na Alemanha, onde é possível verificar como esses estabelecimentos se constituem em modelos de relacionamento com os animais e que deveriam ser mais replicados e apoiados. The Donkey Sanctuary of Canada. Disponível em: https://www.thedonkeysanctuary.ca/visit-us/; e Gut Aiderbichl. Disponível em: https://www.gut-aiderbichl.com/besuchen/iffeldorf-bei-muenchen/.

[7] Singer (2023) e Visak (2022) reconhecem em trabalhos mais recentes que esses são debates difíceis do ponto de vista filosófico e que seriam ainda inconclusivos.

Por ser incompleto ou inadequado, o conceito de bem-estar animal é visto com frequência por certos grupos como insuficiente para uma proteção adequada dos animais, e em seu lugar se invoca o conceito de Direitos dos Animais. Bem-estar animal está de fato mais vinculado à indústria pecuária, pois há a tentativa de reformar práticas de criação que promovam mais espaço, conforto e condições adequadas, mas há um silenciamento sobre o direito à vida dos animais. Por outro lado, a noção de Direitos dos Animais não só comporta os direitos como ter liberdade de movimento, proteção contra o sofrimento e os maus tratos, mas também o próprio direito à vida, o direito de ter uma existência feliz e longa. Nesse sentido, essa corrente filosófica também é considerada frequentemente como abolicionista, pois há a preocupação explícita em abolir práticas deletérias aos animais, e não simplesmente reformá-las. Para um panorama útil introdutório sobre os direitos dos animais, recomendo especialmente a obra do filósofo David DeGrazia (2002), *Animal rights: a very short introduction*.

## 1.6 Especismo, racismo, sexismo... identitarismo?

Peter Singer, em *Libertação animal*, defendeu que o especismo tem algo em comum com o racismo e o sexismo, que é a discriminação arbitrária promovida por um grupo de seres contra outro grupo de seres. Mas enquanto a discussão acadêmica e pública sobre o racismo e sexismo se ampliaram bastante, especialmente nas últimas duas décadas, o debate sobre o especismo caminha a passos muito mais lentos. Talvez pelo sempre mencionado conservadorismo alimentar ou hábitos arraigados de alimentação pela população. Uma diferença já apontada por Singer em relação ao sexismo e ao racismo é que os animais não podem protestar de forma organizada contra os grupos que os oprimem, mas apenas individualmente, com as forças de que dispõem. Outra diferença, essa não mencionada por Singer, é que os animais não podem eles mesmos produzir um discurso contra aqueles que os agridem, como fazem outros grupos (humanos) oprimidos. Nesse sentido, uma discussão sobre "lugar de fala" não faz sentido na filosofia animal, a menos que se adotasse uma abordagem pós-moderna. Consequentemente, considerações identitárias ou "identitaristas" também não estão adequadas nessa discussão.

O filósofo Gary Steiner (2013), em *Animals and the limits of postmodernism*, chama a atenção sobre os problemas que a abordagem pós-moderna traz para a consideração moral pelos animais. Frequentemente inspirados em Nietzsche, recusam-se a elaborar princípios válidos e universais para o tratamento dos animais ou para definições claras sobre o que se constitui bem-estar ou maus-tratos. Os filósofos pós-modernos acabam sendo incapazes de fornecer explicações válidas e construtivas para o debate animal. Em particular, o autor critica o pensamento de Jacques Derrida, celebrado em certos círculos, pois é incapaz de conduzir a considerações filosoficamente rigorosas sobre o tema dos animais. A aceitação do relativismo epistêmico e ético pelos pós-modernos, em nome da recusa das grandes narrativas, conduz os pós-modernos a não aceitar nada como verdade e universalmente válido, mas apenas como verdades parciais e temporárias, relativas a determinadas culturas e épocas sociais. Ironicamente, os pós-modernos parecem não enxergar que esse tipo de relativismo acaba por desconstruir o próprio desconstrutor, pois se as grandes narrativas são apenas narrativas, por que a narrativa pós-moderna seria de outra natureza, que não apenas um construto social de uma determinada época, e assim incapaz de se colocar como algo além de um modismo acadêmico? Assim, os pós-modernos não conseguem chegar a uma definição do que é crueldade contra os animais, pois isso dependeria do emissor da mensagem e não do ato em si cometido contra um determinado animal. A característica recusa de muitos pós-modernos em entender o papel especial da ciência na sociedade para iluminar muitas questões, incluindo na discussão animal, acaba influindo também para essa questão (Sokal; Bricmont, 2014; Dawkins, 1998).

Assim, quando o cientista especializado em bem-estar animal Donald Broom (2011, p. 122) afirmou que "os animais sempre tiveram bem-estar, mas o que os humanos sabem disso foi modificado ao longo do tempo, especialmente recentemente", o que ele e outros estão dizendo é que acessar esse bem-estar não é algo que depende em última análise do que as sociedades humanas pensam ou conceptualizam, mas é uma característica intrínseca ao animal. Isso contrasta, por exemplo, com certas abordagens culturalistas em que na questão indígena em relação aos animais não se aplicaria os mesmos critérios de avaliação quanto a práticas que submetem os animais à crueldade, como se esses critérios estivessem mais relacionados à sociedade do que com os próprios animais. Em nome da tradição e de valores culturais de grupos sociais, práticas cruéis em relação aos animais, como a caça, brigas de galos, touradas e mesmo abates em sítios feitos por pequenos agricultores, são relativizados, invocando-se argumentos dessa natureza. Na mesma linha, a condenação do abate de cachorros para fins de obtenção de carne na China ou de golfinho no Japão enfrenta resistências em função de culturas que parecem se sobrepor aos direitos dos animais. Em última análise, as mesmas críticas que pretendem relativizar os direitos humanos acabam também sendo direcionadas para os direitos dos animais.

A influência da abordagem pós-moderna na academia conduz também a confusões e falta de rigor acadêmico e científico nas questões que envolvem racismo e sexismo, como apontaram autores como Helen Pluckrose e James Lindsay (2021). Em particular, Pluckrose e Lindsay tecem críticas ao conceito de interseccionalidade, caro em certos círculos, pois se pretende unir as diversas opressões de diversos grupos, numa maneira que pode comprometer as especificidades desses mesmos grupos. A partir desse debate, extenso e que não vamos explorar em mais detalhes aqui, é possível perceber que uma rejeição ao especismo não necessariamente está vinculado aos mesmos autores e premissas que a rejeição ao racismo e ao sexismo. Aliás, uma filosofia animal pode estar coerentemente num campo oposto as chamadas filosofias identitárias, como é o caso, por exemplo, de Huemer (2019). Como os mesmos grupos que protestam contra o racismo e o sexismo são identificados frequentemente com a esquerda política, os grupos veganos e antiespecistas são taxados popularmente da mesma forma, mas isso é uma simplificação que desconhece a diversidade de pensamento político e filosófico dentro da tradição vegana, como apontou o filósofo Andy Lamey (2020) e outros autores, como Preece (2005) e Stuart (2006).

Ainda nessa questão da opressão de certos setores, certos grupos se sentiram incomodados com a ideia de que os sofrimentos dos animais poderiam ser comparados com o sofrimento de certos grupos humanos. Por exemplo, a quem possa ter ficado ofendido com a ideia de comparar o holocausto dos judeus sob o nazismo com a situação dos animais nas granjas industriais. Outros grupos também ficaram ofendidos com a ideia de que a situação dos animais nessas mesmas granjas ou em caminhões de transporte superlotados possam ser comparados com a situação dos africanos escravizados nas Américas (Schlottmann; Sebo, 2019). Como se para avaliar o sofrimento desses grupos humanos fosse necessário sempre se referir a partir do ponto de vista desses grupos ("lugar de fala") e como se fosse impossível acessar imparcialmente ou mesmo de fora desses grupos o sofrimento histórico desses mesmos grupos. Essa é a essência da posição filosófica "identitarista", que afirma que só pode haver conhecimento válido a partir das fontes oriundas desses mesmos grupos sociais. Da mesma forma, essa forma de pensar pode conduzir ao erro de que não há uma forma imparcial de acessar o sofrimento e a crueldade contra os animais.

Na refutação dos argumentos relativistas, o filósofo Carlos Naconecy (2006, p. 79) assim explicou essa questão:

> Do ponto de vista moral, nenhuma ação que prejudique outro indivíduo (humano e não-humano) é mera matéria de escolha pessoal ou cultural. Crueldade e escravidão são imorais *por si mesmos*. Determinados atos são errados porque afetam negativamente a vida daqueles que os sofrem, tornando suas vidas piores de serem vividas. Pior, não porque o indivíduo pensa que o é, mas porque o sujeito terá sua vida empobrecida, com menos possibilidades de satisfação, *quer ele concorde com isso ou não*. A Filosofia chama isso de razão *objetiva*.

Chegando nesse ponto, embora possamos concluir que a situação do especismo é tão grave e relevante quanto a discussão do racismo e do sexismo, mas justamente por haver incompatibilidades com essas visões identitárias ou relativistas na discussão sobre especismo, o tema acaba não tendo a repercussão social que mereceria. De qualquer forma, em última análise, a forma de aceitação sobre o veganismo e os direitos dos animais é um campo social mutante e instável e que poderá se modificar e ser reavaliado substancialmente nos próximos anos por diferentes grupos sociais.

No próximo capítulo, vamos entrar mais propriamente no terreno da história, que é uma explicação da construção das sensibilidades em relação aos animais ao longo dos séculos. Essa explicação irá ajudar a convencer o leitor de como existe uma longa e relevante tradição de pensamento sobre os animais, tanto no Ocidente quanto no Oriente. Enquanto o objetivo deste capítulo foi introduzir minimamente ao leitor a diversidade de pensamento filosófico em relação aos animais, o próximo capítulo vai fornecer subsídios para entender a formação histórica dessas filosofias discutidas até aqui.

# CAPÍTULO 2

## A CONSTRUÇÃO HISTÓRICA DAS SENSIBILIDADES FAVORÁVEIS AOS ANIMAIS

> *Como devemos conceber o estado natural da vida quando nossa espécie surgiu e o processo da história teve início? A crença de que a violência aumentou sugere que o mundo que fizemos nos contaminou, talvez irremediavelmente. A crença de que a violência diminuiu sugere que começamos broncos e que os artifícios da civilização impeliram-nos em uma direção nobre, na qual esperamos continuar.*
> (Steven Pinker, 2017, p. 20)

Num primeiro olhar, a consideração moral pelos animais parece ser algo recente, construído por uma sensibilidade contemporânea em relação aos animais. Ao investigarmos mais a fundo a questão, vemos que os registros escritos de defesa dos animais remontam a séculos e mesmo a milênios, em antigas civilizações do Ocidente e do Oriente, como é o caso de Pitágoras e Porfírio. E antes da escrita? Quando os seres humanos começaram a se importar com os animais, no sentido de tentar protegê-los contra a violência?

O historiador Richard Bulliet (2007), no livro *Hunters, herders, and hamburgers*, propôs um esquema útil para pensarmos num quadro amplo de consideração pelos animais ao longo da história. Ele divide esse relacionamento em três fases: 1) Pré-Doméstica; 2) Doméstica e 3) Pós-Doméstica. A Pré-Doméstica se refere ao longo período da história anterior à agricultura e à domesticação de animais, marcado pelas atividades de caça de animais selvagens e coletas de plantas selvagens. Como não havia a domesticação, a interação com os animais se dava numa forma muito mais distante e esporádica, sem a intimidade de convivência que a era seguinte (Doméstica) proporcionou e que ensejou uma observação muito mais precisa do comportamento e das emoções dos animais, pelo menos dos animais domesticados. Na era doméstica, houve uma naturalização de muitas práticas de abate e de exploração da força dos animais para diversos fins, em várias sociedades. Por sua vez, na era Pós-Doméstica, após os anos 1970, segundo Bulliet, com o avanço da urbanização e da exploração industrial dos animais, muitas práticas de uso dos animais começaram a ser questionadas, e houve um incremento da sensibilização social em relação ao sofrimento dos animais. Embora não concordando com todos os contornos da discussão propostos por Bulliet, vamos abordar essa questão do relacionamento histórico com os animais utilizando alguns desses parâmetros de relacionamento e de recorte temporal.

## 2.1 Pré-história

Para aqueles que criaram o hábito de pensamento de que tudo pode ser desconstruído ou de que nada na biologia humana aponta para alguma tendência universal e constante ao longo da história, recorrer à Pré-História parece uma perda de tempo. É lamentável que o estudo da Pré-História seja considerado de pouco interesse para muitos historiadores ou estudantes de História. É precisamente contra esse tipo de pensamento que o neurocientista e psicólogo Steven Pinker (2017) dirigiu suas críticas e argumentou em favor de uma natureza humana. Se Pinker está correto em seus estudos e existe uma natureza humana, formada ao longo de milhares de anos de evolução biológica, qual seria essa natureza humana? O leitor mais cauteloso já pode se lembrar e antecipar as armadilhas desse tipo de análise, pois frequentemente o que pensamos ser da natureza humana é na verdade algum comportamento ou hábito moldado pela cultura de uma sociedade ou de uma época específica. Ainda assim, vale a pena insistir que nem tudo pode ser definido pela cultura. Como sabem os historiadores ambientais, algo está reservado para a natureza (biologia) "lá fora" e para a nossa própria biologia "aqui dentro". É precisamente isso que torna o estudo acadêmico dos animais especialmente interessante, mesmo sabendo que eles são quase totalmente biologia, e praticamente nada de cultura, ainda assim há uma grande relevância em estudá-los. Afinal, um cachorro ou um porco são sempre a mesma coisa ao longo da história, excetuando-se as alterações genéticas e biológicas provocadas, e o que muda mais são o que as pessoas pensam e atuam sobre esses animais.

Nesse sentido, o que Pinker (2017) tentou responder na sua obra monumental, *Os anjos bons da nossa natureza: por que a violência diminuiu*, é uma antiga e relevante questão que diz respeito à natureza humana. Seriam os seres humanos naturalmente pacíficos e inocentes, como Rousseau havia afirmado? Um bom selvagem ecologicamente puro que acaba se contaminando e se deturpando, por meio do vício, avareza, ambição, narcisismo na civilização? Ou seria o ser humano propenso à violência, à guerra, ao egoísmo e à trapaça, o lobo do próprio homem, como afirmou Hobbes? Pinker respondeu a esse dilema de uma forma mais nuançada, mas sem recorrer ao construtivismo cultural, argumentando que o ser humano é capaz de diferentes comportamentos e emoções, dependendo do ambiente social e material em que ele vive.

Ou seja, o ser humano é capaz de ser empático, bondoso, gentil e solidário e isso é parte da natureza humana, no sentido de que nós estamos biologicamente equipados para sentir essas sensações e termos essas atitudes de uma maneira natural, não encenada, em relação a outras pessoas e aos animais. Mas o ser humano também é capaz de ser violento, cruel, insensível e egoísta em relação às outras pessoas e aos animais, e isso também é parte da natureza humana, no sentido de que é um comportamento natural, espontâneo, dadas certas condições sociais e ambientais. Em discussões populares recentes sobre racismo na internet, chegou-se a afirmar, por exemplo, que o ser humano não nasce racista, mas se torna racista. Esse é um tipo de posição rousseauniana, poderia se argumentar, que acaba sendo questionado quando estudamos mais a fundo essas questões relativas à natureza humana.

Biólogos, antropólogos e historiadores recorrem a vários tipos de evidência para estudar o que seria a natureza do ser humano. Um conjunto de evidências se pode obter a partir do estudo do comportamento dos nossos parentes biológicos mais próximos, os chimpanzés, gorilas e orangotangos. Se esses animais têm uma natureza predominantemente social, ou seja, preferem viver em grupos e dão grande valor à interação entre indivíduos, isso ajuda a entender por que nós humanos também temos esse mesmo instinto fortemente social e em geral contrário ao isolamento. As atitudes que esses animais têm em relação à agressão e à violência entre si e com outros grupos também nos ajudam a entender vários aspectos do nosso próprio comportamento, predominantemente pacífico. Outro conjunto de evidências são as genéticas e arqueológicas relativas à pré-história humana, para entender o que faziam e como se comportavam os seres humanos nas centenas de milhares de anos desde a evolução dos gêneros *Australopithecus* e *Homo* até o *Homo Sapiens*. Como não tivemos a mesma escolha biológica que outros seres herbívoros para viver exclusivamente de vegetais ou a mesma competência biológica de digerir com eficiência materiais ricos em celulose e fomos aumentando a quantidade de carne na dieta ao longo dos milênios, em grande medida, devido à tecnologia, a atitude humana em relação à violência contra os animais e outras pessoas deve ter se alterado. Ainda um outro conjunto de evidências utilizado para estudar a construção biológica da natureza humana é o estudo antropológico mais recente de populações que viviam no Paleolítico até hoje ou bem recentemente, por exemplo, até o século XIX. A partir do estudo de populações indígenas que ainda vivem em condições parecidas com o quadro geral da Pré-História, seria possível entender os comportamentos e atitudes que foram moldados ao longo de milênios, pelas interações entre biologia e cultura, e afastado dos modismos mais recentes que influenciam o nosso comportamento.

Nesse ponto, é necessário esclarecer que não temos nenhuma obrigação moral de considerar correto o que seria mais adequado à natureza humana, mas apenas de entender quais são as consequências de nossas ações, considerando aquilo que temos mais ou menos propensão de fazer e sentir. Esse tipo de argumentação foi chamado pelos filósofos de "falácia naturalista", que é a tendência de achar certo o que acontece naturalmente. Assim, por exemplo, a violência está muito disseminada na natureza, pois muitas espécies de animais se matam entre si, algumas vezes até sem a necessidade vital de se alimentar, de obter energia para continuar existindo. Aqui, eu estou considerando apenas os animais sencientes, pois tirar a vida de um vegetal parece ser algo bem menos sério, considerando que o vegetal não pode sentir que está vivo e desejar estar vivo, conforme discutimos no primeiro capítulo.

Da observação biológica evidente de que a violência está bastante disseminada na natureza, especialmente a cometida pelos carnívoros contra os herbívoros, não se deduz que a violência esteja correta ou de que seja moralmente válido cometermos atos violentos contra os animais, a não ser que seja estritamente necessário à nossa própria sobrevivência. Como o leão não pode escolher não matar, pois o seu corpo não pode sobreviver de outro modo e por que ele não é capaz de raciocinar eticamente para tomar essa decisão, não podemos culpá-lo pela violência que ele causa. Por analogia ao leão (e ao lobo), pensou-se por muito tempo, com mais ou menos razão, como poderemos discutir, que o ser humano não poderia viver de outro modo a não ser matando e ferindo outras criaturas sensíveis. Embora matar seja natural, em muitas culturas e sociedades isso causa desconforto, como fica evidente nas muitas mitologias em que se considera uma era de ouro no passado em que os animais não se matam entre si e o ser humano é vegetariano (Preece, 2008).

Assim, o ser humano parece ter uma natureza conflitante ou diferentes inclinações que convivem no mesmo indivíduo. Por um lado, naturalmente temos uma propensão à empatia e à generosidade, que nos incita a sermos cuidadosos e gentis com as pessoas e os animais, sentirmos pena com a dor, a fome, o frio, a sede, o ferimento, o desconforto do outro, seja esse outro uma pessoa ou animal. Por outro lado, temos também uma propensão à agressão violenta, seja por meio da caça ou da guerra contra outras pessoas, ao gosto pelo sangue e pelo conflito, como parecem atestar a popularidades dos esportes e filmes violentos, de "ação", pelo ódio e pela demonização do inimigo, que pode ser tanto um tigre, um monstro que nos ataca, uma cobra, uma aranha ou mesmo um ser humano de uma tribo rival, um estrangeiro de outra raça, nação ou religião, que representa alguém indesejável e que supostamente merece o direcionamento do ódio e da violência. De alguma maneira, essas emoções e comportamentos conflitantes foram úteis para a nossa sobrevivência ao longo de milhares de anos na África e nos outros continentes, onde nossos antepassados enfrentaram condições extremas de sobrevivência. Especialmente antes da extinção da Megafauna do Pleistoceno, ocorrido pouco antes do início do Holoceno, a quantidade de animais que efetivamente matavam os seres humanos para obtenção de comida era muito maior e mais frequente do que hoje (Hart; Sussman, 2018). Atualmente vivendo em sociedades altamente tecnológicas e distantes dos horrores do meio natural, mantemos apenas um código genético que não é ativado nesses aspectos.

Mesmo o nosso código genético não é algo completamente coerente, algo perfeito, mas um amontoado de informações que congregam capacidades mais ou menos conflitantes e até em desarmonia, como apontou o biólogo Daniel Lieberman (2015). Especialmente interessante para um livro como este é a nossa capacidade aparentemente contraditória de sermos tanto comedores de carne e vegetais ou onívoros e a nossa capacidade de sermos herbívoros (veganos) ou quase 100% herbívoros. Além disso, assim como os demais animais, temos um corpo parcialmente adaptado para vivermos somente de alimentos crus, mas hoje em dia essa opção parece ser muito difícil para nossa espécie, dada a nossa longa convivência com a domesticação do fogo e seu uso na culinária. Associados a essa questão do uso do fogo, convém assinalar que perdemos a maioria dos pelos e somos completamente dependentes de roupas (muitas delas inicialmente feitas de peles de animais) e casas para viver fora dos trópicos.

Relevante nesta discussão biológica ou da natureza humana é a propensão (relativa) do ser humano a violência. Como demonstrou Pinker, ao compilar estudos arqueológicos, sociedades do Paleolítico cometiam altas taxas de assassinato e de guerras intertribais. Taxas muito mais altas de violência (por 100 mil habitantes) do que as sociedades modernas. Isso não deveria nos estranhar muito pelo que podemos estudar a respeito de sociedades que viviam num estado de permanente competição por recursos, ciclos de vingança intermináveis, rituais de canibalismo e de sociedades que valorizavam o espírito e honra dos guerreiros. Mas certamente esse tipo de informação é um choque para muitas pessoas, acostumadas também a romantizar as populações indígenas, o ecologicamente nobre selvagem de Rousseau, em harmonia com a natureza. Nesse quadro, filmes de ficção hoje em dia reforçam o imaginário popular de sociedades puras e harmoniosas que vivem em contato com a natureza, onde a violência e a desarmonia são representadas por sociedades mais tecnológicas e complexas. Os estudos que apontam para as altas taxas de assassinato e guerra entre sociedades do Paleolítico também podem representar uma decepção para os anarquistas, que talvez esperassem que sociedades sem Estado pudessem ter menos conflitos, violência e mortes. Apesar das pessoas, com poucas exceções, não caçarem mais hoje em dia, a caça ainda é vista por alguns como algo bom e natural e pouco se considera no aspecto violento e gerador de sofrimento do ato. Essa é uma tendência do ser humano de conseguir racionalizar algo que é ruim, ou de se sentir confortável após a repetição de um ato que a princípio gera desconforto psicológico. Assim, podemos extrapolar um pouco e lembrar, como fez Hanna Arendt, em como as atrocidades dos nazistas puderam ser realizadas por pessoas aparentemente normais, ou seja, como o ser humano é capaz de se habituar e banalizar o mal e a violência.

A vulnerabilidade típica do ser humano aos elementos do meio natural, como a temperatura, a umidade e os predadores, bem como a dificuldade inicial em encontrar comida apropriada, considerando que nosso sistema digestivo, não é tão generalista e precisa encontrar materiais específicos, foram fatores importantes para moldar nossas emoções e comportamentos ao longo de milhares de anos na Pré-História e que têm influências até hoje em como nosso corpo e nossa mente funcionam.

Ainda seguindo a argumentação e os dados compilados por Pinker, que por sua vez se baseou em autores conhecidos como Norbert Elias, podemos dizer que o ser humano é naturalmente muito mais violento do que gostaríamos de admitir hoje em dia, pois fomos moldados em condições ambientais que favoreceram esse tipo de comportamento. O que a civilização e a modernidade engendraram foram mecanismos que freiam nossos instintos violentos, como a polícia, o sistema judiciário, o comércio, a escrita e o uso da razão e da ciência. Por isso, hoje vivemos na época mais pacífica da história, seguindo Pinker (2017), considerando o número de assassinatos e guerras, que é o menor já registrado, se observarmos proporcionalmente ao tamanho da população. Em relação aos animais, esse argumento é um pouco mais complexo, mas não incorremos em erro ao afirmar que nunca se condenou tanto a crueldade contra os animais quanto nos dias de hoje, incluindo o banimento de muitos esportes flagrantemente cruéis contra os animais, como rinhas de galo e brigas de cães. Embora tenhamos a pecuária industrial dos séculos XX e XXI, que destoa gravemente desse quadro, mas que iremos discutir mais à frente.

## 2.2 Das civilizações agrícolas ao Iluminismo

Outros autores clássicos, como Keith Thomas (2010), também buscaram formular explicações amplas sobre o porquê as pessoas começaram a se preocupar mais com a violência contra os animais. Como mostrou Thomas para o caso da Inglaterra do início do período moderno, uma vez que a existência está assegurada por meio da abundância que a agricultura proporciona, o meio natural deixa de ser visto como algo necessariamente hostil e incerto, e as pessoas das classes mais abastadas passam a ter tempo para contemplar a beleza, os aspectos estéticos, filosóficos e éticos envolvendo plantas, animais e montanhas. Todas essas ideias foram impulsionadas pela popularização dos livros, da alfabetização e da leitura, que permitem examinar as ideias com muito mais sofisticação e detalhamento.

Utilizando essas chaves explicativas, podemos especular como as ideias favoráveis aos animais, em filósofos como Pitágoras, no século V AEC (Antes da Era Comum), puderam se desenvolver. Uma vez que o ser humano ou aqueles seres humanos com condições para tal, na elite, podem escapar do terror de ter que se preocupar constantemente em preencher o estômago frequentemente e lutar contra a inclemência do clima, dos predadores e das tribos rivais, surgem sociedades complexas e estratificadas, com sistemas de escritas que são direcionados para propósitos de reflexão existencial, como a filosofia. Indivíduos do mundo clássico antigo como Pitágoras, Plutarco e Porfírio puderam se dedicar a refletir sobre os animais e o vegetarianismo, desnaturalizando a violência cometida contra os animais e colocando em prática alternativas alimentares antes disso não implementadas, até onde sabemos atualmente. Na Índia, de forma provavelmente independente, também se desenvolveu na escala dos milênios uma tradição filosófica de reflexão sobre a condição dos animais e o papel do sofrimento na vida do ser humano e dos animais, e o conceito de não violência (*ahimsa*) (Stuart, 2006).

A partir dessas fontes da Antiguidade Ocidental e Oriental, desenvolveu-se uma rica tradição de pensamento, ainda que minoritária no quadro geral, de reflexão ética sobre os animais. Essas reflexões éticas desses filósofos, como era típico na Antiguidade, estavam com mais frequência emaranhadas em doutrinas religiosas, como era o caso da reencarnação no pensamento hindu e a "metempsicose", na tradição pitagórica. Ou seja, foram ideias não completamente desvinculadas das tradições e dogmas religiosos. Apesar dessas tradições vegetarianas nascentes, as sociedades agrícolas de modo geral eram muito dependentes da exploração da força de trabalho dos animais domesticados, como bois, cavalos, porcos, cabras, ovelhas, lhamas, galinhas e outros, dependendo da região. Essa dependência prática dos animais como fonte de trabalho e guerra, peles ou lã, carne e leite tornava muito difícil a coerência com uma filosofia de proteção animal. Muitas civilizações inclusive desenvolveram a ideia do sacrifício dos animais para apaziguar os deuses, como na ideia bíblica de sacrificar o cordeiro (inocente) para agradar a Deus.

Nesse sentido, acabou predominando as filosofias hierárquicas que colocavam os animais, assim como os escravos, as mulheres e os estrangeiros, numa categoria hierarquicamente inferior. Esse tipo de filosofia ficou muito evidente em Aristóteles, que teve grande influência tanto no pensamento secular quanto religioso no Ocidente. Com o tempo na tradição cristã que passou a predominar no pensamento Ocidental, os animais foram completamente destituídos de alma, e quando um cavalo ou um porco morre, ele simplesmente morre, ao passo que um humano morto teria uma alma imortal que sobrevive ao episódio do falecimento do corpo e vai continuar vivendo num outro plano, no caso o Inferno, o Purgatório ou o Paraíso. Embora a sociedade hoje tenha se secularizado em grande medida, o fato da maioria das pessoas pensarem que a morte de um animal é algo completamente diferente da morte de uma pessoa retem alguma coisa dessa noção cristã de que apenas os humanos possuem alma ou espírito.

Dentro da tradição cristã e nas tradições hindu e budista, também se desenvolveram ideias de benevolência com os animais, no sentido de não os maltratar e de aperfeiçoamento espiritual do ser humano, como fica evidente, por exemplo, em Francisco de Assis. Mas, no caso da tradição cristã, essas ideias estavam em competição com outras mais influentes que não viam prioridade em respeitar os animais, como em Tomás de Aquino. Além disso, a motivação por trás desse tratamento benevolente com frequência não eram os próprios animais em si, mas evitar que o ser humano estivesse em contato com a crueldade contra os animais. Assim, a violência contra os animais é algo errado não porque fere os próprios animais, mas essencialmente porque é um comportamento que estimula a violência entre os seres humanos e uma maior aspereza do espírito. Esse argumento vai ser, com contornos mais secularizados, recuperado por Kant mais tarde. Assim, Kant condenou a crueldade contra os animais não por causa dos animais, mas por causa do efeito que esse ato produz sobre as pessoas (Singer, 2023).

O caso mais extremo dessa tendência de retirar a alma dos animais aconteceu no pensamento de Descartes, no século XVII, como é bem conhecida a sua filosofia dos autômatos. Na filosofia cartesiana, os animais são totalmente destituídos de almas e emoções semelhantes aos humanos. As emoções dos animais não teriam qualquer relação com as emoções que nós sentimos, noção que foi completamente superada, principalmente a partir de Darwin. O Renascimento e a Revolução Científica do século XVII, ademais, estimularam um grande interesse científico pelo estudo anatômico e fisiológico dos animais, o que proporcionou muitos questionamentos, diante da notável semelhança entre nós e os demais animais. Afinal, onde está localizada a alma? Onde está localizado no corpo o que nos diferencia dos demais animais? Os filósofos naturais puderam comprovar pela primeira vez na história que os corpos são muito mais semelhantes do que se supunha anteriormente (Bynum, 2017).

O estudo anatômico e fisiológico das pessoas e dos animais sempre foi algo difícil, fascinante e aterrorizador ao mesmo tempo. O apodrecimento rápido e os odores insuportáveis que emanam do corpo e das fezes dos humanos e animais sempre foram enormes obstáculos ao estudo detalhado das partes internas do corpo. Um dos estudiosos de referência nessa questão na Antiguidade foi Galeno, um médico de gladiadores. Em pouco tempo, o corpo dos humanos ou dos animais apodrece e se torna insuportável, além disso, vigoravam proibições da igreja em relação ao estudo e dissecação dos corpos. O sangue é algo instintivamente perturbador e parece não fazer parte das nossas preferências naturais, embora haja também um fascínio pela questão, talvez ativado por certas propensões violentas do ser humano. De modo geral, essas dificuldades inerentes ao estudo do corpo e a sua "decepcionante" animalidade talvez ajudem a explicar por que as pessoas preferem acreditar em algo invisível ou não localizável, como a alma ou o espírito.

## 2.3 A revolução humanitária

Apesar de muitas ideias favoráveis aos animais terem um longo alcance temporal, no mínimo desde a Antiguidade, como vimos, essas ideias eram em muitos casos provenientes de hereges, figuras excêntricas, nas margens das correntes principais de pensamento. Afinal, haveria de predominar algo que estivesse mais em acordo com as práticas comuns em diversas sociedades de uso e exploração dos animais para diversos fins, apesar de um certo reconhecimento de que eram criaturas sensíveis.

A sensibilidade e o desgosto perante o sofrimento humano e animal começaram a se desenvolver mais a partir da chamada Revolução Humanitária, no período do Iluminismo, século XVIII. Nessa época, como apontaram autores-chaves nesta discussão, como Keith Thomas e Steven Pinker, uma série de fatores estimulou uma mudança nas atitudes e sensibilidades em relação a violência e ao sofrimento. A reflexão iluminista deu menos peso ou nenhum peso em alguns filósofos para a argumentação religiosa em favor do sofrimento, e a felicidade e sua busca eram considerados como objetivos nobres de vida. A ampliação e popularização dos livros na Europa que vinham ocorrendo desde a prensa móvel de Gutemberg, juntamente ao aumento das taxas de alfabetização, estimularam a reflexão e circulação de ideias sobre vários assuntos. A crescente urbanização e consequente maior distanciamento do meio natural também foram fatores contribuidores para uma renovação na reflexão sobre os animais.

A reflexão dos filósofos iluministas questionou uma série de práticas milenares e dadas como naturais ou inevitáveis, como a tortura, as punições cruéis, a escravidão, as formas de governo despóticas, a opressão das mulheres e a crueldade contra os animais. Nesse sentido, a reflexão filosófica acabou influenciando os sistemas legais, pois foram realizadas reformas no sentido de condenar ou abolir a escravidão africana e as punições cruéis, mesmo considerando-se que havia interesses econômicos pesados a favor de comerciantes de escravos. A construção da noção de direitos humanos é uma herança do Iluminismo, pois comportou a ideia hoje óbvia de que qualquer ser humano possui direitos básicos a vida e de não ser agredido, independentemente da sua origem geográfica, cor da pele ou raça, sexo, religião ou ausência dela, e ideologia política.

De maneira similar, a reflexão sobre os animais evoluiu para noções de proteção e direitos, em seu próprio benefício. Por exemplo, o filósofo utilitarista[8] inglês Jeremy Bentham (1748-1832), influência decisiva para Stuart Mill e os utilitaristas dos séculos XX e XXI, escreveu:

> Pode chegar o dia em que o resto da criação animal poderá adquirir aqueles direitos que nunca poderiam ter sido negados a eles, a não ser pela mão da tirania. Os franceses já descobriram que a escuridão da pele não é razão para que um ser humano seja abandonado sem reparação ao capricho de um algoz. Talvez um dia se reconheça que o número de pernas, a vilosidade [com pêlo] da pele ou a terminação do os sacrum [com cauda] são razões igualmente insuficientes para abandonar um ser sensível ao mesmo destino. O que mais deveria traçar a linha insuperável? É a faculdade da razão, ou talvez a faculdade do discurso? Mas um cavalo ou cachorro adulto é, sem comparação, um animal mais racional, bem como mais sociável, do que uma criança de um dia, uma semana ou mesmo um mês de idade. Mas suponha que fossem de outra forma, de que adiantaria? A questão não é: eles podem raciocinar? nem eles podem conversar? mas, eles podem sofrer? (Bentham, 1780 *apud* Singer, 2023, p. 5).

Como se pode ver em Bentham e outros filósofos do iluminismo, a reflexão moral sobre como se comportar e agir em relação as pessoas, a sociedade como um todo e os animais não deve se basear em livros sagrados, dogmas religiosos ou apegos as tradições, mas em propriedades inerentes aos próprios indivíduos, ao conhecimento científico disponível

---

[8] O Utilitarismo na filosofia se refere a uma escola filosófica consequencialista, que avalia se uma ação é correta ou não a partir das consequências que essa ação produz sobre os indivíduos (pessoas e animais sencientes), considerando-se que somente pessoas e animais sencientes possuem interesses ou a capacidade de terem seus interesses satisfeitos ou frustrados.

e a análise racional, imparcial e desapaixonada dos argumentos, mesmo considerando-se as limitações inerentes do ser humano. Como proclamou Kant nessa época: "Ouse entender!". Ou do contrário fique satisfeito com os mistérios do mundo, amedrontado e se protegendo na falsa segurança dos dogmas não examinados, supostamente não discutíveis.

Uma das ideias centrais da reflexão iluminista é o cosmopolitismo ou o questionamento das visões tribalistas ou nacionalistas, que falham em considerar a universalidade da razão na condição humana e que promovem a falta de consideração ética por indivíduos e seres que não fazem parte de comunidades arbitrariamente restritas, como famílias, gênero, classes sociais, comunidades religiosas, partidos políticos, raças, nações e espécies. Nesse sentido, assim como a afirmação dos Direitos Humanos não depende de regionalismos ou nacionalismos de qualquer tipo, a afirmação dos direitos dos animais procura enfatizar que essa é uma extensão natural dos mesmos argumentos de reflexão filosófica e que não podemos negar direitos básicos aos animais (afinal, também somos uma espécie de animal) a menos que pretendamos defender arbitrariamente dogmas e tiranias injustificáveis.

O projeto iluminista, como argumentou Pinker, em *O novo Iluminismo* (2018), é um projeto ainda em curso, pois muitas vezes mal interpretado e até criticado por correntes filosóficas que procuram explorar as tendências tribalistas e irracionais do pensamento humano. O que os filósofos do Iluminismo pretendiam não é simplesmente ignorar que o ser humano também é movido em grande medida pelas mesmas paixões e desejos irracionais comuns aos demais animais, mas que tendo a capacidade racional, é um animal capaz de examinar suas crenças e seus comportamentos e adotar pontos de vista não tacanhos, imparciais.

Como desdobramentos práticos dessas reflexões, a partir do início do século XIX uma série de leis anticrueldade, associações vegetarianas e de proteção aos animais foram aprovadas em parlamentos em diferentes países europeus e mesmo nas Américas. Esportes antes vistos com normalidade, como o assolamento de ursos e brigas de cães, foram legalmente banidos. Ao longo do século XIX, o debate foi estendido inclusive para os métodos de abate dos animais, visando-se métodos mais humanitários ou menos cruéis (Maclachlan, 2008). Como parte de uma tendência de afastar o abate de animais da visão do público ou das sensibilidades aumentadas perante o sofrimento animal, foram criados abatedouros de animais fora das áreas de grande circulação das cidades (Fitzgerald, 2010).

Essa tendência de evitar ou proibir o abate de animais em áreas centrais, como os mercados ou feiras, também estava relacionado à melhoria nas condições de higiene nas cidades europeias, a partir do início do século XIX. A partir daquele momento, os abatedouros ou cenas de abate de animais ficaram cada vez mais distantes do olhar do público, até o ponto em que hoje em dia é em geral proibido filmar, fotografar ou mesmo visitar abatedouros frigoríficos. Mesmo na internet, descontando-se alguns poucos documentários especializados no assunto, não são muito divulgadas as imagens de abate e sofrimento animal, o que evidencia a disseminação entre o público dessa percepção de que é desagradável ou não recomendável a exibição de imagens com esse teor.

Outra questão relevante relacionada ao Iluminismo e aos animais é o avanço do conhecimento científico relacionado à natureza. Os dados sobre plantas e animais se acumulavam de tal maneira no século XVIII, com muitas novas espécies descobertas e relatadas, seja na Europa ou nas colônias ou países distantes, que era preciso colocar ordem no aparente caos. Nesse sentido, a mentalidade organizadora e enciclopédica do século das Luzes criou a taxonomia ou a classificação científica dos seres vivos, a partir de Carl Linnaeus (1707-1778), conhecido em português como Lineu. O naturalista sueco criou a nomenclatura binomial das espécies, em vigor até hoje, e, relevante para os propósitos deste livro, inseriu o homem no reino animal, aparentado com os primatas. Essa era uma proposta bastante ousada, provocativa para a época, e que aparentemente até hoje não bem compreendida no seu significado mais profundo, pois inserir o homem no reino animal pode tanto significar rebaixar-nos no nível dos animais ou talvez elevar os animais para mais próximos de nós.

## 2.4 Darwin, darwinismo e pseudociência

Muito tempo depois, já na segunda metade do século XIX, quando Charles Darwin publicou sua obra seminal, resultado de muitos anos de pesquisa, *A origem das espécies* (1859), a ideia de que o ser humano faz parte do Reino Animal ainda era um tabu para a maior parte da sociedade e apenas aceito em círculos mais tolerantes. Darwin explorou ainda mais as implicações de que o ser humano foi forjado pelos mesmos processos evolucionários que moldaram outras espécies de animais, a saber a seleção natural dos mais adaptados aos seus nichos ecológicos, em obras como a *Descendência do homem* (1871) e *A expressão das emoções no homem e nos animais* (1872). Darwin tinha a intuição de que os seres humanos eram muito semelhantes aos grandes macacos africanos e que por isso teria origem no continente africano, o que só foi compreendido em detalhes a partir da pesquisa arqueológica no século XX, que foi desvendando ao longo de décadas a complexa e fascinante evolução dos gêneros Australopithecus e Homo (Bowler; Morus, 2005). O pensamento darwiniano causa revolta até hoje em certos círculos, em parte por estar em desacordo com a Bíblia, em parte por informar que não há uma diferença fundamental entre homens e macacos, pois, se homens têm alma, por que os macacos também não teriam? Talvez por não compreender em maior profundidade o nosso parentesco e origem comum no reino animal, muitas pessoas têm dificuldade ou ceticismo com a ideia de que o sofrimento dos animais é tão ruim para eles quanto o nosso é ruim para nós. Ou seja, há uma dificuldade na percepção social em compreender a igualdade básica que existe entre homens e animais ou como o sofrimento dos animais precisa ser considerado em pé de igualdade com o sofrimento experimentado pelos humanos, afinal, o nosso próprio sofrimento (seja físico ou psicológico) não tem origem extraterrestre, mas é derivado de mecanismos biológicos que nós partilhamos com muitas espécies animais, especialmente mamíferos, aves e peixes.

Apesar do darwinismo ter possibilitado intelectualmente o reforço de uma via de pensamento que favorece a consideração moral pelos animais, em geral o termo darwinismo infelizmente se tornou sinônimo de coisas negativas. Darwinismo ou lei da selva se refere na mente popular a uma competição implacável, violência e falta de respeito com os mais fracos ou menos favorecidos. Darwin de fato apontou a enorme violência que existe na natureza, de como a seleção natural acontece de uma maneira cruel, sem piedade. Mas isso é uma descrição biológica de como a natureza funciona e não de como nós deveríamos agir ou de que deveríamos simplesmente celebrar a violência na natureza e deixar de nos esforçar pela paz. Afinal, o desenvolvimento da medicina é um exemplo dos nossos esforços em como evitar sermos vítimas da seleção natural, em como prolongar a vida e ajudar aqueles que não teriam condições de sobreviver em condições naturais. Não existem cadeiras de rodas ou antibióticos utilizáveis na natureza, mas nós inventamos isso para favorecer e continuar a vida. As pessoas compreendem hoje que não é possível abandonar os seres humanos aos caprichos da seleção natural, ou seja, precisamos interferir na natureza e ajudar as pessoas, mas em relação aos animais as pessoas tendem a pensar que eles vivem sob a regência de um outro conjunto de regras completamente diferentes, como se deixá-los à mercê da natureza fosse justo. Obviamente que tentar interferir no funcionamento dos ecossistemas pode gerar problemas ainda maiores para os animais individualmente, mas é preciso pelo menos saber considerar a complexidade da questão e saber agir em casos específicos e não por considerações automáticas nos casos que envolvem os animais (Jamieson, 2008).

No século XIX, com o darwinismo social de Spencer e as teorias eugênicas desenvolvidas por pessoas próximas de Darwin, como o seu primo Francis Galton, as ideias associadas a Darwin e ao darwinismo ganharam conotações muito negativas, especialmente se considerarmos o histórico de violência pregado por muitos médicos eugênicos da primeira metade do século XX e mesmo regimes totalitários como o nazismo. Nesse ponto, podemos ponderar o que Carl Sagan (2006) afirmava sobre a ciência ser uma espada de dois gumes, ou seja, que pode ser utilizada tanto para o bem quanto para o mal. Pois bem, a respeito dos animais, podemos dizer que o conhecimento darwiniano sobre evolução tanto pode ser utilizado para o bem deles, quando entendemos que as mesmas emoções que nós sentimos eles também sentem, e como isso deve ser utilizado para criarmos meios de evitar o sofrimento dos animais. Por outro lado, o conhecimento biológico darwiniano também foi instrumentalizado com mais frequência para criar meios de produzir animais em grande escala, em como criar galinhas em gaiolas, por exemplo, gerando no processo uma enorme quantidade de sofrimento. Mesmo Darwin e muitos dos cientistas que estudaram o darwinismo não foram especialmente enfáticos na defesa dos animais, como argumentou Rod Preece (2007).

Mas, no que se refere ao contexto do final do século XIX e início do século XX, é importante também lembrar que as ideias de Darwin sobre a evolução inspiraram teorias pseudocientíficas sobre raça e eugenia. Para avaliar essa questão, precisamos levar em conta o seguinte: que os detalhes da evolução biológica humana até hoje são debatíveis e ainda não resolvidos; que a maioria dos fósseis dos nossos ancestrais só foram descobertos na segunda metade do século XX; que a estrutura do DNA e, portanto, da localização dos nossos genes só foi desvendado em meados do século XX; e que o conhecimento mais detalhado, ainda que largamente incompleto dos nossos genes e suas interações entre si só foi melhor esclarecido nos últimos 30 anos por meio do Projeto Genoma Humano. Ao levarmos em conta essas questões e os debates recentes se o conceito de raça pode ainda a luz do progresso atual da ciência ser aplicado ao ser humano (Woodley, 2010), entendemos como a apropriação da discussão racial e genética no final do século XIX e na primeira metade do século XX foram feitos em bases pseudocientíficas, como um discurso ideológico para justificar as desigualdades econômicos e sociais entre os povos do mundo em um contexto histórico de profundas transformações (Bowler; Morus, 2005; Bynum, 2017).

Nesse ponto, não vou enveredar para a discussão racial, pois existe uma extensa literatura a respeito e esse não é objetivo deste livro, mas esta discussão resumida serve para demonstrar que o conhecimento desenvolvido por Darwin não necessariamente conduz ao racismo e à segregação, assim como o conhecimento sobre a estrutura interna dos átomos não necessariamente conduz à destruição nuclear. É na forma como essas ideias foram utilizadas para projetos de poder é que reside o problema, e não no conhecimento biológico em si, que inclusive serve para outros fins benéficos, como apontamos. Os conhecimentos sobre genética desenvolvidos por Mendel, por exemplo, servem para acelerar o desenvolvimento de plantas úteis para o combate à fome e a melhoria da qualidade de vida e para poderosas empresas multinacionais interessadas em monopolizar o comércio de sementes.

Aqui, o importante é reter a noção de que foram exploradas algumas ideias referentes aos conhecimentos biológicos para projetos de poder. O caso mais chocante é como o nacional socialismo na Alemanha se apropriou de uma série de ideias que hoje estão localizadas principalmente à esquerda no espectro político. Assim, os nazistas eram defensores do verde, das caminhadas na natureza, da agricultura orgânica e alimentação saudável, das práticas nudistas, da proteção dos animais e do vegetarianismo (Staudenmaier, 2011). Inclusive, o regime nazista chegou a colocar algumas medidas em prática para fazer avançar essas ideias. Como afirmou Steven Pinker (2017), esse é um exemplo de como a moralidade humana pode ser bastante compartimentada, pois, ao mesmo tempo que chegaram a defender os animais em alguns casos, os nazistas foram capazes de cometer grandes atrocidades contra seres humanos que eles julgavam como inferiores. O autor deste livro teve a oportunidade de visitar um antigo campo de concentração na Alemanha, em Dachau, e é impossível não ficar tocado com a experiência chocante, e em ponderar como o ser humano pode ser extremamente cruel, dadas as condições institucionais favoráveis a esse comportamento. Da mesma forma, pessoas boas em outros contextos, dadas as condições, podem ser extremamente cruéis com os animais, e mesmo assim muitas pessoas não têm nenhum problema de consciência quanto a isso. Como afirmou o escritor judeu Isaac Bashevis Singer, Nobel de literatura, "em relação aos animais, todos os seres humanos são nazistas" (Singer, 2023, p. 96). Talvez, a expressão seja forte demais e não seja esse sempre o caso, mas isso nos coloca a pensar sobre os muitos casos de violência e domínios injustificáveis praticados contra os animais. Além do mais, a experiência do nazismo nos mostra, contrariamente ao senso comum, que ser gentil com os animais não necessariamente torna uma pessoa gentil com os humanos.

Diante da experiência histórica, o fato de que os seres humanos são capazes de atos extremos de crueldade contra pessoas e animais, infelizmente, não deveria nos surpreender mais. De alguma maneira, a evolução biológica parece ter nos capacitado a sermos indiferentes, como outros animais o são com o sofrimento de suas presas. Talvez, o que deveríamos sempre procurar entender é como ou em quais situações nos tornamos indiferentes a dor do outro, seja esse outro uma pessoa ou um animal. O que a história nos mostra é que, se nos habituarmos a atos de crueldade, temos mais probabilidade de praticá-los e até de justificar intelectualmente essas práticas.

Na primeira metade do século XX, devemos ponderar ainda sobre uma conjuntura mais ampla que não favoreceu a consideração moral pelos animais, como a experiência chocante de duas guerras mundiais, nas quais milhões de soldados, civis e animais morreram, especialmente na Primeira Guerra Mundial, com seus imensos exércitos de animais usados para carregar suprimentos e soldados para as trincheiras. Também pode ser elencada a Grande Depressão dos anos 30 e seus efeitos devastadores sobre os meios de vida de milhões de pessoas, além da intensificação na pesquisa científica envolvendo animais. Entre os defensores dos animais, a oposição à vivissecção ou pesquisas que envolvem cortar o corpo dos animais enquanto eles estão vivos vinham crescendo desde o século XIX. Embora seja difícil imaginar os progressos na medicina e na biologia básica sem esse tipo de pesquisa, esse tipo de pesquisa invasiva acabou se ampliando ainda mais na conjuntura do pós-guerra, com o avanço nos testes em animais de uma série de produtos industriais destinados à sociedade de consumo (Beers, 2006).

## 2.5 Ecologismo, pecuária industrial, bem-estar e direitos dos animais

A partir da década de 1960, podemos identificar um novo momento importante para a reflexão favorável aos animais. A opulência econômica do pós-Segunda Guerra Mundial nos EUA e na Europa e em vários outros países, em menor intensidade, oportunizou a uma ampla camada social de jovens ricos ou de classe média uma certa despreocupação econômica e uma busca por novas formas de pensar e se expressar, levando inclusive aos excessos da contracultura em sexo, drogas e *rock and roll*. Mas, para além desses excessos, que incluía também hippies, socialismo, o apelo para o esoterismo *new age* e filosofias inspiradas no Oriente ou nos indígenas, houve uma crescente reflexão acadêmica e protesto em torno de temas como raça, gênero e meio ambiente. As questões ambientais, além desse apelo popular, eram ventiladas por governos, conferências da ONU (a partir de Estocolmo, 1972) e cientistas. A bióloga estadunidense Rachel Carson publicou em 1962 o livro *Primavera silenciosa*, imensamente influente para o movimento ambiental a partir de então. O que poucos sabem ou bem menos pessoas estão cientes é que dois anos depois a mesma Rachel Carson escreveu o prefácio de outro livro extremamente influente, mas dessa vez para o movimento de proteção aos animais, que foi o *Animal machines*, de Ruth Harrison (1964). Todo esse contexto configura um momento de Revoluções por Direitos, como chamou Steven Pinker (2017).

Esse livro da vegetariana e quaker Ruth Harrison correspondeu a um momento em que a pecuária industrial estava em ascensão na Europa e nos EUA e ainda ensaiando os primeiros passos no Brasil. Porcos, galinhas e bovinos (em menor escala) estavam sendo confinados em granjas apinhadas de animais, tornadas viáveis graças aos antibióticos, vacinas, remédios, rações baratas e micronutrientes adicionados. Como afirmou Rachel Carson, no prefácio da obra:

> O mundo moderno venera os deuses da velocidade e da quantidade, e do lucro rápido e fácil, e desta idolatria surgiram males monstruosos. No entanto, os males passam muito tempo sem serem reconhecidos. [...]
> O argumento final contra o intensivismo agora praticado neste ramo da agricultura é humanitário. Fico feliz em ver que Ruth Harrison levanta a questão de até onde o

> homem tem o direito moral de ir no domínio de outras vidas. Tem ele o direito, como nestes exemplos, de reduzir a vida a uma existência nua que quase não é vida? Terá ele o direito adicional de pôr fim a estas vidas miseráveis por meios que são desenfreadamente cruéis? Minha própria resposta é um não qualificado. É minha convicção que o homem nunca estará em paz com a sua própria espécie até que tenha reconhecido a ética Schweitzeriana que abrange uma consideração decente por todas as criaturas vivas – uma verdadeira reverência pela vida. (Carson, 1964 *apud* Harrison, 2013, p. 31).

A pecuária industrial está associada a uma crescente urbanização da população em vários países, e os próprios métodos mecanizados de criação de animais em granjas comportando dezenas de milhares de animais (no caso das galinhas) ou milhares (no caso dos porcos) significam um contato cada vez mais restrito entre pessoas e esses animais de criação. Esse é o contexto em que Richard Bulliet (2007) chamou de era pós-doméstica, como mencionamos no início deste capítulo. Ou seja, cada vez menos pessoas têm contato direto com os animais utilizados na pecuária, e muitos desses criadores de animais modernos não têm mais uma relação de indivíduo para indivíduo com os animais, pois as granjas com centenas ou milhares de animais só comportam uma percepção mais massificada, um olhar para um coletivo onde não é possível perceber singularidades ou individualidades no rebanho.

A ascensão econômica da pecuária industrial foi impulsionada por grandes empresas do setor de carne e indústrias associadas (rações, equipamentos, remédios, genética, nutrição animal), além de governos e do próprio crescimento da demanda por carne em função do aumento da renda da população e barateamento do custo dela. Apesar desse poderio econômico da pecuária, o livro de Ruth Harrison ainda assim teve uma imensa influência em vários países, tendo motivado no mínimo uma preocupação com o bem-estar animal na indústria da carne e em vários cientistas (Woods, 2012; Fraser, 2023). O conceito de bem-estar animal passou a ser mais presente nas políticas públicas e na agenda científica relacionada à área de veterinária, embora tenha demorado a atingir países como o Brasil, onde esse debate parece ter sido protelado e introduzido em grande medida pela influência das exigências dos mercados importadores de carne. Infelizmente, o conceito de bem-estar animal foi apropriado pela indústria da carne de uma maneira bem limitada e serviu em muitos casos para reformar algumas práticas da indústria, mas sem tocar no dogma central de que a continuidade da exploração e abate dos animais seria uma suposta necessidade incontornável.

De qualquer maneira, o livro de Ruth Harrison colaborou para incentivar outras frentes de reflexão sobre os animais. O filósofo australiano Peter Singer afirmou que Harrison foi uma influência importante em seu pensamento sobre os animais. Singer fez seu doutorado em Filosofia na Universidade de Oxford e escreveu um livro que é considerado um marco no pensamento das últimas décadas sobre os animais, *Libertação animal* (1975). Nesse livro e em *Ética prática*, Singer propôs ir além de reformar práticas da indústria pecuária, rompendo com a suposta inevitabilidade da pecuária e mostrando filosoficamente as vantagens do vegetarianismo. *Libertação animal* teve uma grande influência no público em geral e no meio acadêmico, com vários filósofos direcionando a sua atenção para a questão dos animais, sejam os da linha consequencialista ou deontológica. Mas no Brasil o livro só teve uma edição brasileira em 2004, o que é reflexo e ao mesmo tempo trouxe consequências para a fraca penetração dessas ideias até bem recentemente no país.

Apesar desses livros relativamente populares, as ideias filosóficas de defesa dos animais em geral são mal conhecidas pelo público e inclusive na academia. Um exemplo disso é a frequente confusão que se faz entre o pensamento ecológico ou ambientalista e a filosofia animal. Na mente popular e até em certos círculos acadêmicos, ambientalistas e defensores dos animais são vistos erroneamente como pessoas com ideias semelhantes. Os ecologistas com mais frequência estão preocupados com os animais se esses pertencerem a uma espécie em extinção, por exemplo, se for a onça pintada, mas não com as galinhas de granja, que existem hoje na casa dos bilhões. Ou seja, para os ecologistas, a importância dos animais repousa no papel em que estes desempenham no equilíbrio do ecossistema, no equilíbrio ecológico. Então, a galinha só costuma preocupar o ecologista porque as granjas desses animais causam impactos significativos no meio ambiente, em termos de poluição e consumo de recursos, por exemplo, mas não porque esses animais sofrem e tem vidas muito breves e monótonas em granjas industriais. É precisamente em se importar com os animais enquanto indivíduos, enquanto criaturas sensíveis é que vai repousar a diferença fundamental entre ecologistas, interessados em genes, espécies e ecossistemas e filósofos da questão animal, interessados em senciência, direitos, dor, prazer ou felicidade e autonomia.

As percepções sociais em relação aos animais têm se alterado drasticamente desde as últimas décadas do século XX, e a pecuária industrial, o ecologismo e a urbanização são importantes fatores conjunturais. Um exemplo muito visível hoje e recente nas cidades é o crescimento da atenção e amor pelos pets, como cães e gatos. Embora muitos ainda sejam abandonados e maltratados, é inegável a transformação na percepção social em relação a esses animais, como seres membros da família, em muitos casos na função de companheiros para pessoas que moram sozinhas. É visível o crescimento do mercado de rações, produtos e atendimentos veterinários para esses animais, com lojas especializadas (pet shops) e seções inteiras de supermercados, além de organizações de proteção desses bichos. As pessoas cada vez menos toleram cenas ou práticas que causam dor e sofrimento aos animais, especialmente se forem cães ou gatos. É um processo de sensibilização que aponta para as tendências não violentas das pessoas quando elas estão vivendo em determinadas circunstâncias. Contraditoriamente, o número de animais criados e abatidos pela pecuária industrial continua a subir, o que gera dividendos econômicos para os países envolvidos, mas bem distante do olhar urbano do público, que está fisicamente distante das granjas e fazendas ou simplesmente prefere ignorar o óbvio. Os sistemas legais de vários países, posicionados no centro dessas contradições de sensibilidades em relação aos animais, não têm conseguido expressar coerentemente ou suficientemente a respeito dos direitos dos animais, pois eles ainda são vistos como coisas, objetos ou propriedades, ao invés de seres sencientes. Da mesma forma, a violência praticada pela pecuária e frigoríficos contra milhares de animais todos os dias é escamoteada em narrativas centradas em dados econômicos, sustentabilidade social e ambiental e bem-estar animal.

Talvez, a forma de resolver essa contradição entre os horrores da pecuária industrial e o amor sentimental pelos pets seja seguir o modelo dos Santuários de Animais. Este emergiu nas últimas décadas em vários países, inclusive no Brasil, e tem foco no resgate de animais abandonados ou maltratados pela pecuária, com vistas a permitir um espaço adequado as suas necessidades para viverem vidas longas, com atendimento veterinário, livres da morte precoce e dos sofrimentos dos sistemas de criação. Os Santuários ainda têm um importante papel educacional, pois são normalmente espaços abertos ao público, onde as famílias podem interagir de perto com os animais. Ao contrário dos zoológicos, onde o foco da preocupação é o olhar humano em relação ao animal, o exotismo e o conhecimento biológico sobre a espécie, e que em muitos casos colocam os animais em jaulas ou em espaços que não são adequados para as necessidades dos animais, os Santuários têm foco no bem-estar e nos direitos dos animais, considerando-se estes não como meios para fins humanos, mas como seres vivos, criaturas sensíveis que são um fim em si mesmos. O presente autor teve a oportunidade de observar *in loco* o funcionamento e a viabilidade de dois exemplares Santuários de animais, um na Baviera, Alemanha, e outro em Guelph, província de Ontário, no Canadá.[9]

Com Santuários de Animais, ao invés da pecuária e um incentivo crescente a alimentação baseada em plantas (vegetarianismo), há a possibilidade de trazer coerência para as sensibilidades contemporâneas em relação aos animais, e não simplesmente considerar estas como algo artificial ou estranho ou parte de um contexto anômalo. E como bônus, ainda diminuir o enorme impacto ambiental causado pelos sistemas alimentares, além de explorar outras oportunidades econômicas e de modelos de desenvolvimento rural, como apontam vários estudos. Mas esses já são assuntos para os próximos capítulos.

Figura 3 – Santuário de Jumentos em Guelph, 2016 (Ontário, Canadá)

Fonte: foto do autor

---

[9] The Donkey Sanctuary of Canada. Disponível em: https://www.thedonkeysanctuary.ca/visit-us/; Gut Aiderbichl. Disponível em: https://www.gut-aiderbichl.com/besuchen/iffeldorf-bei-muenchen/.

# CAPÍTULO 3

## A HISTÓRIA DO VEGETARIANISMO: UMA INTERPRETAÇÃO POSSÍVEL

> *Segundo Platão, Sócrates disse que a vida não examinada não vale a pena ser vivida. Poucos humanos examinaram suas práticas onívoras com qualquer grau de rigor.*
> *(Rod Preece, 2008, p. 19)*

Diante do crescimento do vegetarianismo e do veganismo em âmbito mundial, muitas pessoas se perguntam de onde vêm essas ideias e parece estarmos num estágio no qual os veganos em particular são atacados às vezes como malucos, ideólogos impertinentes. A julgar pelas atitudes presentes no senso comum hoje, veganos e ateus estão na mira de piadas e discursos de desaprovação, terreno que era compartilhado com os homossexuais até um tempo atrás. Mas é inegável a presença crescente dos produtos e opções veganas em supermercados e em cardápios de lanchonetes e restaurantes mundo a fora, e talvez esse seja o motivo do desconforto experimentado por muitos em relação aos vegetarianos.

Alguns até chegam a se perguntar: será que algum dia o consumo de carne será proibido ou pelo menos taxado ao invés de subsidiado, para corresponder no mínimo aos impactos causados no meio ambiente? Como as atitudes em relação aos animais, a percepção social predominante em relação ao vegetarianismo e ao veganismo é que se trata de um fenômeno essencialmente contemporâneo, um modismo. Mas o que esse capítulo pretende mostrar são as raízes históricas profundas da tradição alimentar e filosófica vegetariana e, assim, contribuir para dissipar certas ideias muito simplistas a respeito dos vegetarianos da atualidade. Outra questão central a ser abordada são as diferentes motivações ou, de outra maneira, a grande diversidade de pensamento que existiu historicamente e mesmo hoje em dia entre os vegetarianos. Longe de serem um bloco homogêneo, os vegetarianos e os veganos se constituem como uma fauna muito diversificada.

## 3.1 O ser humano é onívoro ou vegetariano?

Há mais de dois milhões de anos atrás, nossos ancestrais do gênero *Australopithecus* eram predominantemente vegetarianos, tinham dentes e mandíbulas mais fortes para mastigar vegetais crus e duros, além de provavelmente — fósseis não preservam intestinos — um sistema digestivo mais bem adaptado para processar uma maior quantidade de fibras na alimentação diária. Hoje, não somos mais *Australopithecus*, somos *Homo sapiens*, mas alguns dos genes e características corporais e fisiológicas (fenótipo) dos *Australopithecus* persistem em nós, como a necessidade e atração que sentimos por frutas, legumes e castanhas. É bastante provável que a domesticação do fogo e o gradual aumento no consumo de carne desempenharam um papel importante na evolução biológica dos nossos ancestrais até a espécie atual. O fogo permitiu a colonização de regiões frias, fora dos trópicos, o aumento da proteção contra os predadores noturnos, além do tratamento térmico de alimentos vegetais e animais, o que melhora a digestão e aumenta a eficiência na obtenção de energia. Não se sabe exatamente quando o fogo foi domesticado e passou a ser utilizado com frequência na culinária, talvez a partir de 700 mil anos atrás, como atestam evidências de fogo controlado (Gowlett, 2016), mas certamente o seu impacto foi considerável, embora ainda hoje o organismo humano consiga ter uma boa adaptação na fase adulta a dietas crudívoras, que não envolvem nada de alimentos processados termicamente, o que demonstra como certas capacidades biológicas prévias não foram totalmente perdidas (Davis; Melina; Berry, 2010).

O aumento da disponibilidade energética e proteica nas dietas do paleolítico colaborou para um lento e gradual aumento do tamanho do cérebro, que levou centenas de milhares de anos, entre os 300 e 600 cm³ do Australophitecus para os 1.100 a 1.900 cm³ do *Homo sapiens* (Lieberman, 2015, p. 119, 127), o que capacitou o animal humano a uma inteligência superior. Que o ser humano é amplamente adaptado para ser onívoro e comer carne, isso não há dúvida. O que nem todos sabem é que o ser humano também é muito bem adaptado para viver exclusivamente de plantas, como atestam os milhões de veganos atualmente no mundo e principalmente o acúmulo de pesquisas científicas na área de nutrição nas últimas décadas a respeito desse tema, o que será tratado mais à frente neste capítulo. Ou seja, dizer que o ser humano é onívoro é uma verdade parcial, pois ignora que o animal humano é capaz de tomar decisões conscientes, refletidas, sobre o que deseja se alimentar, e não simplesmente se alimentar de tudo o que estiver ao seu alcance e que esteja em conformidade com a sua fisiologia. Então, fisiologicamente somos onívoros, no sentido de que o corpo é adaptado para se alimentar de carne e outros alimentos de origem animal e vegetais. Mas o ser humano não se limita à sua dimensão biológica, e por isso é uma afirmação incompleta sugerirmos que somos onívoros existindo tantos vegetarianos no mundo ou existindo a possibilidade real, não utópica, de uma existência vegetariana.

É importante ressaltarmos esse ponto, pois esses fatos e pesquisas científicas interessantes sobre a Pré-História são explorados ideologicamente por aqueles que querem defender o carnivorismo no século XXI. O exemplo mais proeminente que podemos citar ou talvez um dos mais significativos é do cientista tcheco-canadense Vaclav Smil. Smil é um autor celebrado, uma das referências no estudo sobre a história da energia e da tecnologia, com dezenas de livros publicados, e infelizmente apenas recentemente vem tendo seus livros traduzidos no Brasil. Ele é um autor importante para estudar vários dos assuntos tratados neste livro, e iremos discutir mais as suas ideias em outros capítulos. Como se trata de um estudioso da utilização da energia pelos humanos ao longo da história, seja a energia obtida na alimentação, pela colheita da biomassa (lenha, por exemplo) ou pelos combustíveis fósseis, não é de se surpreender que Smil tenha dedicado um livro inteiro sobre o consumo de carne: *Should we eat meat?: evolution and consequences of modern carnivory* (2013).

Ignorando boa parte da publicação acadêmica na área da filosofia a respeito da ética animal, mesmo as publicações científicas sobre a nutrição vegetariana e outras na área ambiental e mesmo admitindo no prefácio do livro que o seu próprio consumo de carne se resume a menos de 5kg por ano, ou seja, com muito pouca proteína ou outros nutrientes oriundos da carne na sua própria alimentação, o autor defende e celebra o passado onívoro do *Homo sapiens* para poder conectar com os padrões atuais de consumo de carne e chegar à conclusão que é recomendável um "consumo racional de carne" (Smil, 2013, p.181). Esse é apenas um exemplo, entre outros, de autores que utilizam a Pré-História, um momento em que o ser humano precisava lutar pela sobrevivência, sem muitas possibilidades de escolher cuidadosamente a sua alimentação, sem o benefício da escrita e das escolas para aperfeiçoar seu raciocínio sobre como tomar decisões conscientes a respeito da alimentação e que supostamente seria um guia de comportamento para a vida no século XXI. Não se está questionando aqui que o estudo da Pré-História não possa em absoluto trazer lições úteis a respeito da alimentação para a atualidade, como é o caso do bem-sucedido livro de Daniel Lieberman (2015), mas o que se argumenta é que sem o apoio da filosofia, sem levar em conta os aspectos que vão além da biologia humana, esse estudo fica incompleto e até pode levar a inconsistências. Afinal, se a discussão fosse considerada encerrada com a afirmação de que o ser humano é onívoro, sem maiores questionamentos, não haveria o imperativo ético de que ser vegetariano é algo bom e justo, mas que o vegetarianismo só seria então racionalmente defensável por razões ambientais (poupar recursos naturais), ou por razões de saúde (se fosse comprovado que traria vantagens nesse quesito), ou mesmo espirituais (para aqueles que defendem dogmas religiosos nesse campo).

Dado o histórico de violência na natureza ou de como opera a seleção natural e a evolução das espécies e pelo simples fato de que a carne e a gordura dos animais, especialmente da megafauna, concentram abundantes quantidades de energia, não é de se estranhar que o ser humano tenha escolhido ou fosse obrigado a ser onívoro para garantir a sua sobrevivência, durante milhares de anos. Especialmente nas regiões frias como a Europa e boa parte da Ásia, em sucessivas eras do gelo, a presença dos grandes animais, como mamutes e rinocerontes lanudos, e, por outro lado, a ausência de vegetação comestível especialmente no inverno impeliram todo tipo de barbarismo praticado contra a fauna, onde o ser humano lutava pela sobrevivência, assim como os lobos, o primeiro dos animais domesticados. Era a lei da sobrevivência, o estado hobbesiano de guerra de todos contra todos, onde não havia espaço para considerações éticas ou filosóficas pelo sofrimento alheio e onde até o canibalismo, a tortura, os sacrifícios humanos, a escravidão e o estupro se tornaram aceitáveis em sociedades as mais diversas de todos os continentes (Fynn-Paul, 2023).

O conhecimento médico hoje gravita em torno da ideia de que o intestino é o nosso segundo cérebro, pelas inúmeras terminações nervosas e influência direta sobre o bem-estar psíquico (Ruder, 2017). Há muito já se sabe que a fome leva o ser humano à loucura e derruba governos e regimes políticos ao redor do mundo, e não seria então um exagero afirmar que a luta pela obtenção do alimento ao longo da história e especialmente em épocas em que não havia um suprimento garantido de alimentação diária conduzia a ações não refletidas sobre a alimentação e sobre os animais, em particular.

## 3.2 O (re)nascimento do vegetarianismo e as civilizações agrícolas: misticismo e filosofia

Os registros escritos sobre o vegetarianismo como prática alimentar e filosofia remontam as civilizações antigas e sua vasta capacidade de produção de grãos. As possibilidades de adoção de uma alimentação vegetariana, se não teoricamente impossíveis nos últimos milênios do Paleolítico, melhoraram após a invenção da agricultura, pois, com a domesticação das leguminosas (exemplos: ervilha, lentilha, grão de bico, feijão, soja) e a invenção de utensílios (panelas e outros) de cerâmica, tornou-se mais fácil aproveitar o incrível valor proteico dessas plantas. Como é sabido pelo senso comum, muitas leguminosas possuem toxinas perigosas ou indigestas para o ser humano e, a menos que sejam cozidas no fogo ou em alguns casos postas para germinar, como lentilha ou grão de bico, não são aproveitáveis como alimento. A panela de cerâmica (e mais tarde de metal) deve ter sido uma tecnologia importante para melhorar e viabilizar a obtenção de energia a partir dos grãos (cereais e leguminosas), que eram muito menos utilizados no Paleolítico, mas que foram gradualmente aumentando em importância em certos locais com o aumento populacional e a escassez de outras fontes alimentares, por um lado, e a domesticação dessas plantas, por outro.

A ciência moderna compreende que as leguminosas possuem aminoácidos importantes para a saúde humana, como a lisina, e em complementaridade aos cereais, como trigo, cevada, milho ou arroz, provêm todos os aminoácidos necessários para a saúde humana. Isso deve ter sido compreendido empiricamente por muitos povos da Antiguidade, que baseavam sua alimentação com frequência numa complementação de cereais e leguminosas, sendo o caso da Milpa na América Central o mais conhecido, baseado em feijão, milho e abóbora. Igualmente, as antigas civilizações da Mesopotâmia já compreendiam empiricamente que as leguminosas têm a vantagem adicional de renovar a fertilidade da terra, pois a associação com bactérias nessas plantas produz nitrogênio em excesso que fica no solo como fertilizante (Scott, 2018). É o mesmo nitrogênio essencial para o ser humano na sua alimentação, por meio dos aminoácidos. No entanto, o grande incremento populacional, a diminuição da diversidade alimentar e o trabalho duro dos camponeses e escravos significaram uma tendência geral de piora na qualidade alimentar e da saúde dessas populações em comparação com muitos grupos do Paleolítico, como atestam as pesquisas comparando os esqueletos humanos do período (Harari, 2020).

Nos vários bolsões de domesticação de plantas e animais que surgiam no Holoceno, como na América do Sul e Central, no Oeste da África, Egito, Mesopotâmia, Índia e China, emergiam sociedades populosas, complexas, estratificadas, com inúmeros especialistas, onde a escrita era inventada como parte de uma necessidade para organizar os estoques de cereais, os exércitos, a comunicação com os deuses e, mais tarde, a filosofia, no sentido clássico. É nesse contexto que podemos localizar os primeiros sacerdotes e filósofos que escreveram sobre o vegetarianismo e a proteção dos animais. Nesse momento, como muito da filosofia até então, as ideias em favor do vegetarianismo e dos animais eram parte de um quadro mais amplo de ideias religiosas, místicas sobre a condição humana e o cosmos, como é o caso das tradições hinduísta e jainista. Uma importante noção da filosofia hindu é o conceito de não violência (*ahimsa*) e de reencarnação das almas. A alimentação da carne dos animais era condenada, pois estava ligada ao risco da reencarnação da alma humana no corpo dos animais, e por isso a ideia da vaca como um animal sagrado, intocado, pois, ao abater uma vaca, corria-se o risco de interromper um ciclo de reencarnação de uma alma humana.

A Índia, como centro de origem do budismo, ainda hoje concentra o maior número de vegetarianos do planeta, mas como alertou Rod Preece (2008), isso ocorreu mais como parte de um dogma religioso, uma espécie de ascetismo — e podemos acrescentar ainda as necessidades práticas de um melhor aproveitamento das terras agrícolas — do que como uma preocupação genuína pelos animais. Uma boa parte da tradição filosófica vegetariana do Ocidente, influenciada mais tarde pelo judaísmo e pelo cristianismo, também teve essas preocupações exclusivamente ou predominantemente ascéticas, onde o consumo de carne foi condenado com base na ideia de mortificar a carne, frear e moderar os apetites, como nas práticas recomendadas de jejuns, e na ideia de purificar o espírito com alimentos que não sejam imundos, como era considerado particularmente a carne de porco nas leis dietéticas do judaísmo (*Kosher*) e posteriormente no islamismo (*Halal*) e no adventismo (Spencer, 2016).

No Ocidente, a mais antiga fonte escrita do vegetarianismo provém do grego Pitágoras (570 – 495 AEC), mais famoso pelo seu teorema sobre os triângulos. Muito da sua vida é desconhecida, talvez ele tenha vivido no Egito e no Oriente Médio, e as suas ideias sobreviveram por meio de textos de autores posteriores, que contêm contradições. De acordo com Colin Spencer (2016), é provável que Pitágoras defendesse o vegetarianismo com base na ideia de que é uma dieta adequada para o aperfeiçoamento espiritual do ser humano, a partir da noção da transmigração das almas (*metempsicose*) e na ideia de respeito e tratamento ético dos animais. O fato é que autores clássicos posteriores, que deram continuidade à tradição filosófica vegetariana no âmbito da Roma Antiga, como Plutarco e Porfírio, se bem que não representassem as tendências mais influentes de pensamento, como a filosofia hierárquica de Aristóteles, ao menos atestam a sobrevivência e relevância que a filosofia vegetariana alcançou no mundo antigo. Os próprios vegetarianos na Europa até o século XIX eram também chamados de pitagóricos (Thomas, 2010).

Durante a Idade Média, embora a igreja católica defendesse o jejum de carne na quaresma, o vegetarianismo não era recomendado de modo geral, e mais comumente a filosofia vegetariana era associada a uma série de movimentos e ideias heréticas, como o maniqueísmo e o catarismo. Em diversos momentos, a afirmação da desaprovação ao vegetarianismo pela Igreja se tornou parte da estratégia de poder, de afirmação e cumprimento dos cânones ortodoxos (Spencer, 2016).

### 3.3 Interlúdio: filosofia e prática vegetariana

Neste ponto, é importante esclarecer a diferença entre filosofia e prática vegetariana. A filosofia vegetariana inclusive foi defendida historicamente por muitos filósofos e artistas que não eram praticantes do vegetarianismo, por simplesmente expressarem admiração por esse tipo de alimentação e considerarem como um modelo ideal de conduta, frugal e condizente com uma moralidade apropriada (Preece, 2008). Por outro lado, a prática vegetariana ocorreu com muito mais frequência ao longo da história do que muitas pessoas podem imaginar hoje, pois a miséria da população e a absoluta falta de animais para abate em muitos contextos favoreceram hábitos alimentares nos quais a alimentação com carne era um luxo reservado apenas às elites e onde os pobres apenas ocasionalmente tinham acesso a esse tipo de alimento. Aqui, cabe a observação que a alimentação ocasional de carne nesse contexto, de um ponto de vista fisiológico ou prático, pode ser equiparada a uma alimentação vegetariana, ainda que uma alimentação vegetariana de baixa qualidade, na qual faltam muitos nutrientes importantes.

Se aceitamos a noção de que um consumo de carne ocasional, de talvez uma ou duas vezes por mês, assemelha-se a uma alimentação vegetariana, pois o aporte nutricional fornecido pela carne era praticamente desprezível para o organismo humano em comparação às plantas, então temos que considerar que desde as civilizações agrícolas e até o século XIX na Europa e mais alguns poucos países como os EUA e a Argentina, quando começam a existir sociedades com alto consumo de carne, a maioria da população vivia num estado de um virtual "vegetarianismo involuntário". Ou seja, era uma prática (quase) vegetariana impulsionada mais pela miséria do que por qualquer filosofia de compaixão e respeito pelos animais ou deliberada conservação ambiental e otimização das terras agrícolas. Nesse sentido, Smil (2013) e Warren (2018) apontam o período anterior ao século XIX como um momento em que predominava um baixo consumo *per capita* de carne na maioria das regiões do mundo.

Em alguns casos, o baixo consumo de carne *per capita* ou virtual vegetarianismo de sociedades inteiras duraram até a segunda metade do século XX. Um caso especialmente interessante para se entender rápidas mudanças é o da China, que apresentava no início da década de 1960 um consumo médio *per capita* de aproximadamente três kg de todas as carnes por ano. Isso equivale a 250 gramas de carne por mês. Era praticamente uma forma de "vegetarianismo involuntário" praticado por milhões de pessoas. Com as reformas econômicas após a morte de Mao Tsé-Tung, a industrialização, a urbanização e a ascensão econômica rápida da população, o consumo de carne na China atingiu 62 kg por habitante em 2021, acima da média mundial, mas ainda assim bem abaixo de países como o Brasil e a Argentina, por exemplo (FAO, 2023b).

## 3.4 Do Renascimento ao Iluminismo

A partir do Renascimento e da Revolução Científica na Europa, com a maior circulação de livros a partir da prensa móvel de Gutenberg e o estudo mais sistemático dos autores da Antiguidade Clássica, há um novo aumento do interesse pelo vegetarianismo. Um dos filósofos e artistas mais famosos a ser vegetariano ou pelo menos demonstrar grande interesse por essa filosofia alimentar e pelo respeito pelos animais foi justamente Leonardo da Vinci. Rod Preece (2008) argumenta, a partir da análise dos escritos do polímata, que é grande a probabilidade de que Leonardo fosse vegetariano. Outro famoso vegetariano do período foi o filósofo francês

Descartes, que frequentemente é lembrado mais pela sua visão de que os animais eram meros seres autômatos, como máquinas incapazes de sentir dor. O vegetarianismo de Descartes era movido unicamente por seu interesse em alimentos saudáveis e, diferentemente de Leonardo, não tinha qualquer consideração moral pelos animais (Stuart, 2006).

Outra fonte de inspiração para a filosofia e a prática vegetariana foi a Reforma Protestante, especialmente a vertente puritana na Grã-Bretanha. Como demonstrou Tristram Stuart (2006), a partir do século XVII, passou a se desenvolver uma tradição ininterrupta e de grande alcance histórico de contestação ao consumo de carne (e álcool), como parte de uma doutrina herege em relação ao restante da Europa católica, e que enfatizou a pureza do espírito por meio da frugalidade, do desapego material e a abstinência. Essa tradição foi mais tarde exportada para os EUA e o Canadá, onde até o final do século XIX ainda existia uma forte influência puritana no movimento vegetariano, em figuras como Sylvester Graham e John Harvey Kellogg (Whorton, 1994). Outra figura histórica notável influenciada pelas ideias vegetarianas nesse período foi o filósofo natural Isaac Newton. Como lembrou Stuart, os interesses de Newton iam muito além da física:

> Newton é famoso pelas suas descobertas científicas com as quais, a partir do seu claustro no Trinity College, revolucionou a compreensão da Europa sobre as leis físicas da natureza. Mas Newton não limitou a sua curiosidade à física: estava igualmente interessado em descobrir as leis morais da criação de Deus. Somente estudando as leis morais e físicas ele poderia compreender Deus em Sua totalidade. Se Deus usou o simples poder da gravidade para unir todas as coisas no universo, não poderia Ele ter usado uma lei moral para unir todas as Suas criaturas, incluindo os animais? (Stuart, 2006, p. 128).

Ao analisar os escritos sobreviventes de Newton, Stuart percebeu o inegável interesse do famoso físico pela filosofia vegetariana:

> Newton considerava claramente o vegetarianismo oriental e pitagórico como um remanescente da lei original de Deus, e fez dele um pilar central na ponte entre as religiões pagãs e o judaico-cristianismo. [...] ele sugeriu que o vegetarianismo de Pitágoras e das "nações orientais" era uma extensão aos animais da lei "ame o próximo" que eles herdaram de Noé. Quando Pitágoras regressou

à Europa das suas viagens, o que trouxe consigo foi uma versão secularizada da religião original de Noé, bem como todo o conhecimento astronômico e matemático heliocêntrico que os sábios orientais tinham preservado. Newton disse que o seu próprio trabalho científico, tal como a sua investigação religiosa, não era tanto uma descoberta como uma recuperação, pois Pitágoras e os antigos herdeiros da religião solar original sabiam quase tudo o que ele revelara na sua obra-prima, os Principia de 1687. (Stuart, 2006, p. 142, 143).

Como deixa entrever essa última citação, Tristram Stuart argumenta sobre a influência que a Índia exerceu sobre a Europa e especialmente na Grã-Bretanha, a partir das grandes navegações do século XV em diante. Os europeus, ao descobrirem na Índia sociedades inteiras que viviam sem carne, ficaram em alguns casos muito impressionados e interessados nessa filosofia e prática alimentar, parecendo a alguns a dieta mais parecida com as descrições do Gênesis sobre a alimentação de Adão e Eva.

Durante o Iluminismo, ganha força na Europa, além da chamada Revolução Humanitária, discutida no Capítulo 2, o chamado vegetarianismo médico. Ou seja, cada vez mais o vegetarianismo como prática alimentar será considerado seriamente pela comunidade médica pelos seus potenciais benefícios à saúde, embora nunca fosse uma tendência majoritária, é preciso ficar claro (Stuart, 2006; Thomas, 2010). Muitos outros pensadores influentes do período, como Rousseau, demonstraram interesse pelas ideias vegetarianas. Mas, como alertou Rod Preece (2008), muitos se sentiram seduzidos pela filosofia vegetariana, mas não chegaram a colocar em prática na sua alimentação. É preciso lembrar que o clima europeu, muito mais frio do que a Índia, com seu inverno longo, representava um obstáculo à obtenção de frutas e verduras frescas em épocas em que não havia como hoje estufas cobertas com plástico, geladeiras ou importação de alimentos em grande escala de regiões quentes. Aliado a isso, a grande dependência que havia dos animais para puxar arados e carruagens e a ampla utilização do couro para diversos fins dificultavam muito mais do que hoje uma filosofia e uma prática vegetariana consistente. Por tudo isso, a adesão a uma alimentação isenta de todos os produtos de origem animal, como a vegana, tornava-se muito mais difícil na prática do que hoje, embora até pudesse em teoria ser atrativa para muitos filósofos e artistas.

Figura 4 – Pitágoras advogando o vegetarianismo

Fonte: RUBENS, Peter Paul. **Pitágoras advogando o vegetarianismo**. 1628-1630. 1 original de arte, óleo sobre tela. 262 × 378,9 cm. Coleção da família real britânica.

---

Pintura: Pitágoras Advogando o Vegetarianismo (Peter Paul Rubens, 1628-30)

A pintura original pertence ao acervo da família real britânica. No site da Royal Collection Trust, além de visualizar a imagem, pode-se ler a explicação interessante sobre o significado dessa magnífica obra artística:

> O tema desta pintura é único e fascinante. Em certo nível, é uma desculpa para pintar uma natureza morta de frutas e vegetais, do tipo que poderia ser pendurada em uma sala de jantar em frente a outra que retratasse os despojos da caçada. Também opera em um nível filosófico mais profundo. O texto vem do último livro das Metamorfoses de Ovídio, quando ele conta a história da fundação de Roma e descreve um encontro entre o rei fundador de Roma, Numa Pompilius, e Pitágoras, líder de uma seita em Crotona, no sul da Itália. Pitágoras (que é reconhecido por pisotear a fruta mais proibida, o feijão) repreende a humanidade pela sua crueldade selvagem em comer carne (razão pela qual ele parece zangado e Numa castigado);

> ele fala da Idade de Ouro, quando os frutos da terra eram desfrutados sem trabalho, derramamento de sangue ou opressão (é por isso que faunos e ninfas preenchem grande parte da pintura em sua colheita feliz e despreocupada). Este assunto oferece contrastes e paralelos interessantes: homens nobres e atenciosos são contrastados com faunos gananciosos e bestiais, mas os faunos são os vegetarianos gentis. Pitágoras e Numa assemelham-se ao momento em que Cristo diz a São Pedro para "apascentar as minhas ovelhas", um paralelo deliberado entre os fundadores da Roma Imperial e da Roma Papal. (Phytagoras [...], c2024, não paginado).

O pensamento iluminista, como já mencionado no capítulo anterior, promoveu várias ideias anticrueldade, como a abolição de punições cruéis, a tortura sancionada judicialmente, o fim da escravidão e os direitos dos animais. Essas ideias tiveram grande repercussão social, na medida em que foram debatidas em parlamentos e aprovadas como leis. Nesse sentido, várias leis anticrueldade foram aprovadas, com destaque para a Inglaterra no século XIX, onde inclusive houve uma intensa discussão sobre bem-estar animal e métodos de abate que fossem menos dolorosos para os animais (Maclachlan, 2008). Mas nesse ponto é preciso deixar claro que as ideias de compaixão e respeito pelos animais e de valorização do vegetarianismo nem sempre estiveram vinculadas ao pacifismo ou à rejeição a todas as formas de violência. Como demonstrou Stuart (2006), muitos revolucionários e soldados franceses e britânicos abraçaram o vegetarianismo, mas se envolveram em conflitos sangrentos na defesa de seus ideais políticos. Como mais tarde ficou claro inclusive com o nazismo, na primeira metade do século XX, a mera adesão ao vegetarianismo não significa necessariamente algum tipo de pureza ou superioridade moral, pois o vegetarianismo conquistou historicamente adeptos por razões bem diferentes do que a moralidade de não causar sofrimento desnecessário ao outro.

## 3.5 Do século XIX em diante: o crescimento do vegetarianismo no Ocidente

Embora a filosofia (e a prática) vegetariana tivesse um histórico de alguns milênios tanto no Ocidente quanto no Oriente, é a partir do século XIX que podemos localizar um crescimento significativo do número de vegetarianos no Ocidente, com vários artistas e cientistas demonstrando interesse, como Shelley e Bernard Shaw. Nesse século, o termo vegetariano se tornou conhecido, com a fundação de inúmeras sociedades vegetarianas em vários países europeus, começando pelo Reino Unido (1847), e poucos anos depois em vários países europeus, nos EUA, e chegando até o Brasil, no início do século XX, com a constituição de uma Sociedade Vegetariana Brasileira, em 1916 (Ostos, 2021, p. 41; Esteves, 2024).

O século XIX no Ocidente também foi uma era de grande progresso científico na área da biologia e da química, com inúmeras descobertas importantes no campo da fisiologia humana e animal, na microbiologia e no tratamento das doenças humanas e animais (incluindo vacinas), além da descoberta de inúmeros elementos químicos e a invenção da tabela periódica, o avanço da química orgânica e a descoberta de que os alimentos são constituídos por três grupos básicos de nutrientes, as proteínas, os lipídios e os carboidratos. Infelizmente, muitas descobertas importantes utilizavam animais vivos (e até seres humanos) e muitas vezes não anestesiados como objetos de pesquisa. Desde então os cientistas passaram a utilizar um número crescente de animais como cobaias em laboratórios do mundo, o que gera muitos debates e discussões acadêmicas sobre até que ponto é moralmente aceitável matar e causar sofrimento em animais para o benefício científico humano. Desde o século XIX, percebe-se o crescimento do movimento antivivisseccionista, mas ao mesmo tempo são inegáveis os progressos científicos conseguidos utilizando-se os animais como cobaias. Progressos científicos que em muitos casos melhoraram a qualidade de vida humana e animal, com medicamentos, vacinas e tratamentos médicos úteis, mas que na maioria dos casos causaram torturas inimagináveis para os animais com pouco benefício ou questionável benefício para os humanos.

Apesar do grande progresso científico do século XIX, o período foi muito turbulento em termos de ideologias políticas e de persistência em certos círculos de filosofias religiosas esotéricas. Em particular a teosofia e mesmo a antroposofia tiveram uma grande influência de pensamento em vários países europeus e até no Brasil, incentivando o vegetarianismo por razões espirituais. Correntes de pensamento como o anarquismo e o positivismo também tiveram vegetarianos entre os seus adeptos, inclusive com ramificações que chegaram ao Brasil no início do século XX, como foi o caso de Miguel Lemos e a criação de uma sociedade naturista no país (1913), e alterada em 1916 para Sociedade Vegetariana Brasileira (Ostos, 2021).

Nos EUA, no século XIX, houve a persistência de ideias puritanas vegetarianas, com grande influência social. O destaque nessa questão se deve com certeza aos adventistas, que enfatizavam o vegetarianismo e foram importantes historicamente no sentido de preservar a prática alimentar vegetariana e inclusive em pesquisas mais recentes sobre a nutrição vegetariana (Levenstein, 1998).

> O fantástico mundo do Dr. Kellogg (1994)
>
> O filme é uma deliciosa paródia dos métodos da clínica do Dr. Kellog, no início do século XX, no Michigan, EUA. Vegetarianismo, lavagens intestinais, choques elétricos, jejuns de comida e de sexo e uma série de terapias que no seu conjunto passam uma impressão de excentrismo e bizarrice aos olhos do espectador atual. Se hoje parece um exemplo de charlatanismo, para a época representava aos olhos de muitos como esperanças de cura. O filme é interessante para perceber como as ideias que circulavam em torno do vegetarianismo no final do século XIX e início do século XX, nos EUA, com fortes influências puritanas, eram muito diferentes da maior parte dos vegetarianos ou de grande parte das discussões em torno do vegetarianismo atualmente. Ou seja, é importante perceber que as motivações dos vegetarianos mudaram muito ao longo da história e variam bastante conforme o país ou grupo social (Parker, 1994).

Na primeira metade do século XX, com as duas guerras mundiais, a grande depressão e a ascensão de regimes totalitários comunistas e fascistas, além do aumento das exportações de carne, houve um declínio do movimento vegetariano, na medida em que ideias pacifistas, de não violência, eram desencorajadas em favor do militarismo e do fervor revolucionário e sociedades vegetarianas eram colocadas na ilegalidade por governos totalitários (Preece, 2008, p. 290). Entre os vegetarianos famosos desse período, estavam Henry Salt e Gandhi.

É com a contracultura e o movimento ecológico dos anos 1960 e 1970 que o tema vegetariano ganhou um novo impulso. Seja como parte de uma cultura esotérica, jovem ou de contestação às ideologias em voga, o vegetarianismo conquistou muitos adeptos nesse período. A maior circulação das ideias ecológicas, a partir das conferências mundiais sobre o meio ambiente, a preocupação com a poluição, com a catástrofe nuclear na época da Guerra Fria, a desilusão com a violência da esquerda marxista revolucionária por um lado e da direita consumista, focada no sucesso econômico, e religiosa conservadora, por outro, incentivou experimentações em vários temas da vida, incluindo na alimentação, com hortas orgânicas e comunidades alternativas. Os loucos anos 1960, como chamou Steven Pinker, a geração da liberação sexual, das drogas e do *rock and roll*, do Woodstock, e das roupas e cabelos desleixados. É nesse contexto de exagero, de excessos e até de hipocrisia e irresponsabilidade que pode ser localizado uma parte do interesse pelo vegetarianismo, como um aliado na contestação das gerações anteriores. Muitos vegetarianos dessa época inclusive abandonaram a prática vegetariana após um tempo, como aliás ainda acontece com frequência nos dias de hoje, seja pela falta de apoio prático e desencorajamento pela predominância da sociedade não vegetariana, seja pela falta de uma consistência filosófica e falta de um amadurecimento na reflexão sobre o tema.

Apesar dos exageros dessa época, não se pode negar que nos últimos 50 anos foi notável o crescimento da reflexão acadêmica sobre o vegetarianismo, tanto pelo lado da filosofia, com autores como Peter Singer, Tom Regan, David DeGrazia e muitos outros, como pelas pesquisas na nutrição e nos aspectos ambientais envolvendo o vegetarianismo. Entre os marcos dessa época está a publicação do livro do filósofo australiano Peter Singer, *Libertação animal* (1975). No campo da pesquisa sobre os recursos naturais envolvidos com o vegetarianismo, está o importante livro de Frances Moore Lappé, *Diet for a small planet* (1971), que chamava a atenção sobre o enorme desperdício de cereais ocasionado pela pecuária industrial e como a fome poderia ser eliminada se houvesse o direcionamento total dos grãos usados para ração, como milho e soja, para a alimentação humana.

Em relação à ciência da nutrição, o século XX de modo geral foi uma época de grande progresso e inclusive na nutrição vegetariana. Desde as descobertas das vitaminas na primeira metade do século XX e seu papel fundamental na saúde humana e animal, incluindo a vitamina b12, muitas doenças e deficiências nutricionais passaram a ser evitáveis com maior facilidade. Muitos alimentos inclusive passaram a ser fortificados com minerais e vitaminas (como o caso do ferro e ácido fólico) para evitar problemas na população em geral, o que também beneficiou os vegetarianos. Embora a comunidade médica continuasse a desconfiar da segurança da alimentação vegetariana, essas dúvidas começaram a se dissipar, à medida que as pesquisas progrediam e se tornava possível estudar grandes populações vegetarianas no Ocidente com estudos mais detalhados.

O cientista Claus Leitzmann (2014), da Universidade de Giessen (Alemanha), apresentou um interessante panorama das pesquisas sobre nutrição vegetariana na segunda metade do século XX. Nas décadas de

1960 e 1970, ainda predominava a ideia entre a comunidade científica de que as populações vegetarianas corriam um maior risco de doenças por falta de nutrientes, especialmente os veganos. Mas, a partir dos anos 1980 e 1990, com a investigação epidemiológica de populações vegetarianas em diversos países, os dados foram ficando mais robustos, no sentido de mostrar a segurança da alimentação vegetariana em relação à alimentação onívora. Ao longo do século XX, não só todos os nutrientes necessários para a saúde humana foram descobertos (como minerais e vitaminas), mas também, o mais importante, as quantidades ótimas e suas combinações apropriadas. É raramente reconhecida a importância dessas descobertas, se formos lembrar que o século XX começou com vastas populações sofrendo de beribéri e outras doenças hoje facilmente evitáveis e que hoje há a possibilidade de controlar com muito mais facilidade, considerando o acesso mais amplo ao conhecimento nutricional, a suplementos e a exames laboratoriais disponíveis para a população.

Apesar desse enorme progresso científico, a fome continuou existindo na segunda metade do século XX, considerando o enorme crescimento demográfico do período, mas principalmente pela falta de acesso aos alimentos por uma parte da população e especialmente nos países mais pobres. Por outro lado, o excesso de produção de alimentos, a inserção de alimentos mais calóricos, não integrais e de carne, aumento da renda e a falta de atividade física ocasionaram uma epidemia de sobrepeso e obesidade sem precedentes na história da humanidade, a partir das últimas décadas do século XX (Popkin, 2009; Willett *et al.*, 2019).

Muito do conhecimento científico nutricional do século XX se desenvolveu devido à aplicação dos modelos animais e às pesquisas na área da veterinária visando o crescimento acelerado de animais de criação, como galinhas e porcos. Não se está excluindo a possibilidade de que esse conhecimento tivesse se aperfeiçoado de outra maneira. Como afirmou Emelyn Rude (2016, p. 143), já na década de 1940 se sabia mais sobre a nutrição do frango do que sobre a nutrição humana. Embora muitas lacunas persistam, as quantidades e fontes dos aminoácidos essenciais, constituintes das proteínas, tornaram-se bem estabelecidas pela ciência, e antigas ideias ainda persistentes na imaginação popular, de que só a carne contém todas as proteínas e os vegetais não, caíram totalmente em descrédito (Melina; Craig; Levin, 2016).

A partir dos anos 1980, reconhecidas associações de nutricionistas, como a *American Dietetic Association* (a partir de 2012 renomeada para *Academy of Nutrition and Dietetics*), vêm publicando em seus relatórios, baseados em extensa revisão de literatura, que as dietas vegetarianas, incluindo a dieta vegana ou vegetariana estrita, que exclui todos os alimentos de origem animal, como carnes, laticínios e ovos, são seguras e adequadas nutricionalmente para todas as fases da vida, desde o feto, e inclusive para atletas.[10] Como a maioria da população não segue uma alimentação vegetariana e os médicos e nutricionistas estudam em faculdades onde não havia estímulo até bem recentemente para estudar a alimentação vegetariana, ainda predominou uma desconfiança entre os profissionais de saúde sobre a adequação da nutrição vegetariana, com reflexos negativos para a população em geral.

Figura 5 – Pizza vegana num supermercado em Munique, Alemanha (2024)

Fonte: foto do autor

---

[10] Atletas são exemplos importantes nesta discussão, pois são indivíduos com alta exigência de proteínas e outros nutrientes. Se ser vegano fosse difícil para uma pessoa comum, seria impossível ou inviável para um atleta de destaque. Sobre essa questão ver por exemplo, a participação dos atletas veganos na Olimpíada de Paris (2024) (Rubim, 2024). Para uma revisão de literatura científica a respeito do tema: Vitale e Hueglin (2021).

Figura 6 – Prato de comida vegana feito pelo autor, não industrializado (lentilha, arroz, legumes etc.) (2022)

Fonte: foto do autor

Somente com a popularização da internet nos anos 2000, associado aos avanços na ciência da nutrição, é que mais pessoas passaram a sentir mais seguras em relação a adoção de uma alimentação vegetariana ou vegana (Carvalho, 2020). Especialmente em relação ao veganismo, embora o conceito, a ideia ou mesmo a prática de excluir todos os alimentos de origem animal da dieta seja muito antiga, encontrando precursores mais recentes no Dr. William Lambe e Percy Shelley, no século XIX. A palavra vegano em português deriva de *vegan*, em inglês, criada pelo vegetariano britânico Donald Watson, em 1944, um dos fundadores da primeira Sociedade Vegana, a partir das primeiras e das últimas letras da palavra *vegetarian* (The *Vegan* Society, 2024). Em português é uma palavra muito recente, sendo praticamente desconhecida há 20 anos atrás, embora hoje faça parte do vocabulário geral da população e seja amplamente utilizada em embalagens de alimentos, cosméticos e produtos de limpeza e em cardápios de restaurantes e lanchonetes mundo afora, com versões veganas para hamburgueres, pizzas, salsichas, queijos, leite e qualquer outro produto supostamente e exclusivamente animal.

A evolução do número de vegetarianos é algo bem difícil de ser estudado, devido à ausência em geral de estatísticas confiáveis a respeito do tema e à lamentável falta de preocupação em geral dos governos em contabilizar o número de vegetarianos e veganos. Segundo estatísticas citadas pelo pesquisador Claus Leitzmann, em 2014, a Índia continuava sendo o país com o maior número de vegetarianos, com cerca de 35% de sua população. Em países ocidentais, como Grã-Bretanha, Alemanha, França, Estados Unidos ou Canadá, onde se percebe uma presença significativa do conceito vegano, as estatísticas indicam que o número de vegetarianos e veganos combinados cheguem talvez em torno de 10% nos dois primeiros países da lista (Leitzmann, 2014; Yougov, 2024).

As motivações dos vegetarianos e veganos continuam variadas, como sempre foram, mas agora com uma predominância de argumentos seculares, não religiosos, contra o sofrimento e o abate dos animais, de um uso mais responsável dos recursos naturais e até de uma forma de alimentação que favoreça o bem-estar físico e o controle do peso.

# CAPÍTULO 4

# OS ANIMAIS DOMÉSTICOS E O DESENVOLVIMENTO DA CIVILIZAÇÃO

> *E, no entanto, as sociedades tradicionais tinham muitas exigências que não podiam ser satisfeitas, de forma eficaz e eficiente, apenas através da utilização de músculos humanos: estas tarefas iam desde arrancar tocos em terras convertidas de florestas em terras agrícolas até à construção de grandes catedrais e desde arar solos argilosos pesados até transporte de longa distância de cargas pesadas. Estas e muitas outras tarefas foram possíveis através da domesticação de animais de grande porte para transporte (puxar pesadas carroças de madeira) e para a realização de trabalhos de campo (sobretudo arar e gradar), processamento de alimentos (debulha, moagem de grãos e oleaginosas) e outras tarefas mecânicas que apoiam às atividades extrativas ou manufatureiras locais (bombeamento de água, e mecanismos de esmagamento e trituração atrelados a animais andando em círculos).*
> (Vaclav Smil, 2013, p. 57)

## 4.1 Máquinas orgânicas das antigas civilizações

Este capítulo aborda o papel que os animais domésticos tiveram para o desenvolvimento das civilizações até a era das máquinas, com a Revolução Industrial. Se somarmos todos os animais domésticos utilizados na pecuária existentes hoje, como bois, cavalos, porcos, galinhas e ovelhas, facilmente constatamos que nunca houve na história da humanidade tantos animais domésticos como atualmente. O mais surpreendente, no entanto, é perceber que os animais domésticos nunca foram tão dispensáveis para o progresso cultural ou econômico quanto hoje. Com um pouco mais aprofundamento na questão, é possível imaginar que se subitamente os animais domésticos desaparecessem ou diminuíssem drasticamente atualmente, é muito provável que o mundo estaria em melhor condição, no sentido ambiental, de disponibilidade de terras e de alimentos para a população. Como já apontava o relatório da FAO *Livestock's Long Shadow*, de 2006 (Steinfeld *et al.*, 2006, p. 270), a pecuária hoje (e já desde há algumas décadas, podemos acrescentar) consome mais alimentos do que produz. Ou seja, se somarmos todos os grãos, como milho, soja e trigo e outros vegetais que poderiam ser utilizados pelos humanos, mas que são destinados aos animais em forma de ração, veremos que os animais domésticos consomem uma grande quantidade de proteínas ou calorias e são forçados na maioria dos casos violentamente a entregar produtos de origem animal (carne, ovos e laticínios) que não equivalem em termos de proteínas ou calorias aos alimentos vegetais fornecidos a eles. Nesse sentido, podemos falar numa espécie de déficit do sistema alimentar pecuário, no qual aparentemente a única justificativa plausível para essa loucura de desperdício de alimentos em nível planetário seria a suposta indispensabilidade dos alimentos de origem animal. Mas essa premissa é algo cada vez mais questionável, na medida em que se aperfeiçoam os estudos científicos sobre a alimentação vegana ou, em outras palavras, sobre a adequação da proteína vegetal para o ser humano.

No entanto, o início da domesticação dos animais envolveu uma realidade distinta, pois várias espécies de animais não consumiam alimentos utilizáveis pelos humanos, mas vegetais fibrosos indigestos e restos de cozinha que de outra maneira se transformariam em poluição ou adubo orgânico. Nesse sentido, não é à toa que, excetuando o nosso companheiro cachorro, os primeiros animais a serem domesticados tenham sido os ruminantes, como a cabra e a ovelha. Como é sabido, os animais ruminantes, o que inclui também os bovinos, possuem um sistema digestivo diferenciado do nosso e são capazes de digerir celulose (fibras), ou seja, são capazes de aproveitar energeticamente várias espécies de vegetais que estão inacessíveis para os seres humanos, como várias espécies de gramas. Dessa maneira, esses animais ruminantes poderiam transformar extensas áreas onde cresciam gramíneas no Oriente Médio, um dos centros da domesticação desses animais, em proteínas e calorias de origem animal obtidas em forma de carne e mais tarde laticínios, além de lã, peles, couros e esterco.

Quadro 1 – Domesticação dos animais (espécies selecionadas)

| Nome comum | Data (anos atrás) | Locais de origem |
|---|---|---|
| Cachorro | 15 mil | China e Europa |
| Ovelha | 13 a 11 mil | Anatólia e Irã |

| Nome comum | Data (anos atrás) | Locais de origem |
| --- | --- | --- |
| Porco | 11.400 | China e Oeste da Ásia |
| Bois (*Bos taurus*) | 10.500 | China e Oeste da Ásia |
| Cabra | 10 mil | Irã |
| Jumento (asno ou burro) | 7 mil | Núbia |
| Búfalo | 6 mil | Índia, China e Filipinas |
| Camelo | 6 mil | Arábia e Chifre da África |
| Cavalo | 5.500 | Cazaquistão |
| Lhama | 4.400 | Peru e Bolívia |

Observação: é preciso lembrar que essas datas e locais são ainda sujeitas a alterações, conforme vem avançando o conhecimento arqueológico e genético a respeito desses animais. Fonte: List of domesticated animals. https://en.wikipedia.org/wiki/List_of_domesticated_animals. Acesso em: 29 abr. 2024

A domesticação de animais, assim como das plantas, foi um processo complexo e de longa duração no tempo histórico, resultado de lentas mudanças de hábitos em muitas gerações de caçadores que começaram muito gradualmente a manipular ou selecionar e atrair animais para próximo das aldeias. No clássico estudo de Jared Diamond sobre o assunto, *Armas, germes e aço* (2017), o autor discute como a maioria dos animais de grande porte existentes na natureza simplesmente não puderam ser domesticados. A maioria dos animais não são domesticáveis, por suas próprias razões, entre elas não ter comportamento social, não ser dócil o suficiente para tolerar a presença humana e não conseguir se reproduzir em cativeiro. Assim, algumas sociedades tiveram mais sorte do que outras ao longo da história, segundo Diamond, pois encontraram mais animais potencialmente domesticáveis do que outras.

A própria domesticação foi algo que alterou a biologia dos animais domesticados, bem como dos humanos que conviviam com eles. Os animais domesticados ao longo de gerações foram selecionados geneticamente de forma empírica para serem mais dóceis à presença humana e tinham esqueletos e conformação corporal em geral diferentes dos seus ancestrais selvagens. Particularmente interessante é a diminuição do medo e das capacidades sensoriais de alerta que os animais selvagens possuem, mas que deixam de ser tão vitais para a sobrevivência nos animais domésticos que vivem sob o abrigo da proteção humana, que inclusive passa a caçar e a afugentar sistematicamente os predadores dos rebanhos (Francis, 2015).

A convivência secular com os animais domésticos também alterou a biologia humana. Em primeiro lugar, muitos grupos humanos passaram a ser tolerantes ao leite e aos laticínios, pois todas as espécies de mamíferos, incluindo os humanos, só bebiam leite nos primeiros anos de vida, quando bebês. Mas a ingestão deliberada de leite por adultos é uma novidade desse período, o que no longo prazo produziu populações com uma maior tolerância à lactose em relação aos grupos humanos que não domesticaram animais ou que tinham uma convivência muito mais limitada com animais domésticos, como foi o caso dos grupos ameríndios da América ou de muitos grupos da África Subsaariana. Considerando-se que o hábito de beber de leite por adultos tem no máximo 9 mil anos, é interessante observar como uma nova característica genética se desenvolveu em período de tempo tão curto relativamente a evolução biológica humana (Roberts, 2017). Seria possível especular quais outras alterações alimentares que fossem promovidas recentemente também poderiam passar por um processo semelhante de adaptação.

Mas a alteração biológica mais decisiva que os animais domésticos provocaram no ser humano foi o desenvolvimento de micróbios patogênicos (vírus e bactérias), que se espalharam nessas sociedades e tornaram esses grupos humanos parcialmente resistentes a uma série de doenças. No longo prazo, como demonstrou Diamond, essa resistência deu uma vantagem decisiva para os europeus em conquistar o Novo Mundo e significou uma catástrofe humana e demográfica para os povos nativos das Américas.

Considerando-se o clima semiárido de muitos lugares do Oriente Médio e norte da África, além dos invernos rigorosos das estepes da Ásia Central, os rebanhos de animais domésticos, como bois, cavalos e ovelhas, em muitos casos, favoreceram o desenvolvimento de culturas pastoralistas que mantinham complexas relações culturais com sociedades onde predominavam agricultores, nos vales dos grandes rios, como o Tigre e o Eufrates, o Nilo, o Indo e o Yang-Tsé. Os animais nas sociedades nas quais predominavam agricultores se alimentavam das sobras de colheitas ou em ambientes marginais de montanhas não aproveitáveis pelos humanos naquele momento. As sociedades pastoralistas, baseadas em criações extensivas de animais, poderiam sustentar populações muito menores e menos concentradas em cidades do que as sociedades que se desenvolviam em torno do cultivo de cereais, como o trigo, a cevada, a lentilha, a ervilha, o arroz ou o milho e o feijão. A seguir, reproduzimos um quadro desenvolvido pelo pesquisador Vaclav Smil para quantificar com alguma proximidade essas diferenças:

Quadro 2 – Densidade das populações humanas em diferentes contextos

| Densidade populacional | Peso Vivo (kg/ha) | (pessoas/km²) |
|---|---|---|
| Caçador-coletor | 0,01 - > 1 | 0,005 – 0,5 |
| Pastoralismo | 1 – 2 | 0,5 - 1 |
| Agricultura itinerante | 20-30 | 9-14 |
| Agricultura tradicional | | |
| Egito pré-dinástico | 100-110 | 45-50 |
| Inglaterra medieval | 150 | 75 |
| Média global em 1900 | 200 | 100 |
| Média chinesa em 1900 | 400 | 180 |
| Agricultura moderna | | |
| Média global em 2000 | 400 | 200 |
| Média chinesa em 2000 | 900 | 410 |
| Província de Jiangsu em 2000 | 1.400 | 630 |

Nota: todas as densidades para caçador-coletor e pastoralismo são por unidade de terra explorada; todas as densidades para agricultura tradicional e moderna são por unidade de terra arável.
Fonte: Smil (2012, p. 105)

Como se pode perceber e inferir pelos dados do Quadro 2 anterior, quanto mais uma sociedade se aproxima da agricultura e intensifica o uso agrícola, isto é, baseado em plantas, mais capaz ela se torna de sustentar densas, numerosas e complexas populações. Foram essas sociedades complexas que inventaram e desenvolveram a escrita, o direito, o Estado, e os embriões da filosofia (vegetariana) e da ciência e pavimentaram as bases para o desenvolvimento das sociedades modernas como nós conhecemos hoje. Nunca é demais lembrar, especialmente nos tempos atuais em que parecem estar voltando modismos de idealização romântica de povos tradicionais, que foram essas sociedades complexas é que foram capazes de sustentar com seus excedentes de produção, especialistas em metalurgia, escribas, filósofos e sacerdotes que tinham as condições para pensar e transmitir suas ideias sobre a sociedade e o cosmo. Como pontos negativos, como destacou James Scott (2018), essas sociedades eram frequentemente baseadas em trabalho escravo, inventaram tiranos e faraós que eram supostamente enviados pelos deuses, religiões de fanáticos cujos desdobramentos persistem em conflitos até hoje, desenvolveram a guerra e tecnologias pensadas para matar e subjugar pessoas e animais.

Mas ainda mais importante do que obter carne e laticínios, já que a maioria da população em muitas dessas sociedades era praticamente vegetariana ou semivegetariana, foi o papel desempenhado pelos animais como força de trabalho e tecnologia de guerra. A utilização do arado puxado por bois, por exemplo, transformou e multiplicou a produtividade da terra, assim como a utilização de bois, búfalos, jumentos, cavalos e camelos para o transporte de cargas e pessoas, incluindo carroças, charretes e carruagens. Da perspectiva do presente, vivendo numa sociedade baseada na força das máquinas, na qual cada vez mais as pessoas fazem menos esforço físico e são sedentárias ou inativas, é difícil aquilatar a importância que esses animais desempenharam para fazer o trabalho pesado necessário para sustentar essas populações complexas e inclusive para a construção de edificações milenares que sobreviveram a todas as turbulências da história, como as pirâmides do Egito. Segundo dados citados por Vaclav Smil (2017, p. 67), a potência típica dos cavalos se encontra na faixa 500-850 Watts, Mulas 500-600 W, Bois 250-550 W, Vacas 100-300 W, Búfalos 250-550 W e Jumentos 100-200 W. Enquanto isso, segundo Smil (2017, p. 392), a potência típica dos humanos (homens e mulheres) fica na faixa de 60 a 100 W.

Da mesma forma, é indispensável nesse contexto mencionar o papel histórico que os cavalos tiveram para os exércitos ao redor do mundo, desde os egípcios e os povos da Mesopotâmia, até os chineses. A cavalaria foi historicamente uma peça de guerra fundamental para o sucesso de qualquer exército e continua sendo utilizada pela polícia em diferentes países, sendo historicamente relevante em grandes conflitos até no mínimo a Primeira Guerra Mundial (Walker, 2008).

O comércio e o contato intercultural também foram no passado outras áreas grandemente beneficiadas pela utilização dos animais domésticos. Vivendo hoje numa sociedade globalizada, hiperconectada e com milhões de turistas ou migrantes em voos internacionais, raramente nos damos conta de como o mundo era provinciano no Paleolítico e em boa parte do restante da história da humanidade. Cada grupo em geral tinha apenas contato com os seus membros ou com grupos da vizinhança. Embora existam algumas evidências de comércio de longa distância, envolvendo centenas de quilômetros para troca de ferramentas valiosas de pedra em sociedades paleolíticas, a utilização das caravanas de bestas de cargas como jumentos, bois, cavalos ou camelos foi algo de grande influência no desenvolvimento econômico e cultural de muitas sociedades, considerando-se as trocas e transmissões de tecnologia, de formas de escrita e fala, religiões e muitos outros domínios (Ridley, 2014). Como argumentou Jared Diamond, com frequência é mais importante se apropriar de uma tecnologia do que inventar ela. Ou seja, de modo geral, os processos de transmissão de tecnologia entre as sociedades tiveram um papel mais importante para o desenvolvimento tecnológico e econômico do que a própria invenção e isso ajuda a explicar o sucesso econômico das sociedades eurasianas em relação aos demais povos do mundo, como a Oceania, a África Subsaariana e as Américas, segundo Diamond.

No Novo Mundo, os europeus tiveram nos animais domésticos um importante aliado no processo de conquista, seja como tecnologia de guerra em forma de montaria, seja como reservas de alimentos, pois porcos, bois e cavalos em muitos ambientes se multiplicavam descontroladamente ao desembarcar nas novas terras. Alfred Crosby (2011), no seu livro *Imperialismo ecológico*, demonstrou cabalmente a importância dessa biota portátil, que facilitou enormemente aos europeus a conquista e a sobrevivência num ambiente estranho para eles. Apesar da catástrofe demográfica causada pelas doenças trazidas sem intenção pelos europeus e da escravidão e outras formas de violência cometidas contra os povos nativos, esses, em muitos casos, também se beneficiaram ou rapidamente aprenderam e valorizaram a utilidade dos animais domésticos eurasianos para a vida nas Américas. Como exemplo, existiu o comércio intertribal de galinhas ou a utilização frequente dos cavalos como montaria por diversos grupos indígenas da América do Sul, como os charruas.

> **Armas, germes e aço – episódio 1 (54 min)**
> O documentário produzido pela National Geographic, e baseado no livro Armas, germes e aço, de Jared Diamond, condensa muitas das ideias de Diamond sobre os processos de domesticação de plantas e animais e como isso é fundamental para explicar os desenvolvimentos desiguais das diferentes sociedades humanas. Embora Diamond tenha sido acusado de determinismo geográfico, a explicação que ele apresenta nesse livro e nesse documentário continuam extremamente relevantes e discutidas pela literatura para a explicação da dinâmica histórica, até pela falta de alternativas explicativas convincentes fornecidas pelos críticos. Como mostra Diamond, as civilizações do mundo que formaram as bases do mundo moderno encontraram solos, climas, plantas e animais muito diferentes e, por isso, tiveram diferentes oportunidades para desenvolver o seu potencial humano. Os animais domésticos foram uma parte fundamental dessa história.
> NATIONAL GEOGRAPHIC. Armas, Germes e Aço – episódio 1 [Filme]. [S. l.: s. n.], 2018. 1 vídeo (54 min.). Disponível em: https://www.youtube.com/watch?v=vR5KBTqq9QY. Acesso em: 1 maio 2024.

## 4.2 Escravidão, sofrimento animal e guerras de conquista

Como afirmou Peter Singer (2023), uma das desvantagens dos animais em relação a outros grupos de seres oprimidos é que eles não podem protestar de maneira organizada contra o mau tratamento que recebem, mas protestam individualmente, da melhor forma que podem. Essa é uma observação relevante do filósofo para ponderarmos todo o sofrimento e maus-tratos que os animais sofreram nessas civilizações, trabalhando com oferta de água e comida inadequada e na companhia de humanos cruéis, sendo alvo de sacrifícios inúteis para apaziguar deuses raivosos, utilizados para esportes e diversões sanguinárias, como touradas e brigas de cães, ou de atividades aparentemente inocentes, como pescarias. Movendo objetos extremamente pesados e lutando em guerras lado a lado com os humanos para sustentar impérios e cidades. Evidentemente que os ancestrais selvagens desses animais não viviam no paraíso nos ecossistemas nativos, também precisando lutar pela sobrevivência em condições difíceis, mas a questão que indagam os filósofos vegetarianos há milênios é como um animal racional como o ser humano tolera tanto derramamento de sangue e sofrimento, mesmo sabendo que isso é em muitos casos um sofrimento evitável. Talvez, os nossos ancestrais humanos possam ser perdoados considerando que fosse impossível ou muito difícil um estilo de vida que se abstivesse completamente de animais para alimentação e outros usos antigamente, em contraste com as facilidades nos dias de hoje. Mas essa é uma premissa que depende em última análise do quão difícil (ou fácil) pode ser considerada uma vida sem depender de animais, um problema que esbarra inclusive na falta de evidências científicas suficientes para uma conclusão categórica.

É difícil imaginar como teria se desenrolado a história da humanidade sem essa utilização forçada dos animais domésticos para diversos fins. Mas o que civilizações complexas como os maias também ensinam é que foi possível construir sociedades altamente complexas e sofisticadas, construtores de pirâmides, com escrita e astronomia avançada sem o aporte de animais de carga.

Embora o animal humano pretenda se diferenciar, colocar-se à parte do Reino Animal, em vários momentos, ele se comporta como um típico "animal", ao se mostrar insensível ao sofrimento do ser semelhante, seja humano ou animal. A grande adaptação e variabilidade que os humanos têm em relação às condições de sobrevivência significa na prática que a sensibilidade humana ao sofrimento animal é algo facilmente perdido se há o hábito de maltratar, escravizar e matar animais. Isso é algo facilmente perceptível com as pessoas que trabalham em profissões nas quais matar e maltratar animais se tornavam algo corriqueiro na luta pela sobrevivência, como em açougueiros. Da forma oposta, as pessoas que não precisam matar e maltratar animais de outras formas têm mais chances de desenvolver uma maior sensibilidade em relação ao sofrimento animal. Essa é uma conclusão que chegou Keith Thomas (2010), por exemplo, mostrando como o afastamento proporcionado pela urbanização gerou uma maior sensibilidade em relação a essa questão.

O antropocentrismo típico da maioria dos historiadores acaba negligenciando não só a natureza de forma geral no estudo da história, mas também os imensos sacrifícios enfrentados historicamente por essas criaturas sencientes, os animais. Alguns autores inclusive tentam edulcorar a realidade dos animais domésticos, como Michael Pollan (2007), por exemplo, ao afirmar que existe uma espécie de simbiose ou contrato natural entre humanos e animais, pois enquanto os humanos se apropriam da carne, leite e outras partes do corpo desses animais, eles recebem uma certa proteção dos humanos contra predadores e outras agruras do mundo natural, como fome, sede e frio. Se em muitos casos é verdade que a proteção humana é melhor para os animais que o meio natural, isso não significa que abater animais e explorá-los de outras formas é algum tipo de gentileza que necessita de elogios em prosa e verso. Ou seja, esse suposto "contrato natural", em que uma das partes é forçada a aderir, não é feito senão com uma boa dose de violência. Esse romantismo típico de uma poesia pastoral acompanha muitas idealizações historicamente construídas sobre a vida no campo, seus habitantes, e é típica de idealizações sobre a vida de caçadores-coletores, em que a caça é retratada como uma atividade inocente, benigna ou neutra em termos de violência.[11]

Trabalhando a partir dessas premissas, o sociólogo David Nibert (2013) propôs revisitar um tema sensível, que é a relação entre povos pastoralistas, que lidavam historicamente mais de perto, cotidianamente com a realidade do sofrimento e do abate animal e a violência desses mesmos povos cometidas contra outras sociedades humanas. Como esses povos precisavam de grandes áreas para pastorear seus crescentes rebanhos de animais em regime extensivo (veja o Quadro 2) e viviam numa relação de violência constante com os seus animais, não é coincidência, segundo Nibert, que esses povos tenham se envolvido em saques, pilhagens, estupros e violentas guerras de conquista contra sociedades de agricultores. O exemplo mais chocante se refere aos mongóis — mas é possível enumerar outras sociedades de guerreiros montados impiedosos, como os hunos, turcos, magiares, tártaros e manchus — que semearam o caos e a carnificina por séculos na China, Ásia Central, Oriente Médio e Europa, em violentas guerras de conquista. Steven Pinker (2017), no seu estudo detalhado sobre as guerras ao longo da história, calculou que se levarmos em conta o tamanho das populações de cada época, ou seja, o número de mortes proporcionalmente ao tamanho da população, muitas dessas guerras de conquista foram piores do que as duas guerras mundiais do século XX, que estamos acostumados a pensar que foram a pior coisa que já aconteceu.

Considerando a importância e vantagem histórica que a cavalaria proporcionou a muitos exércitos ao longo da história, é importante considerar a relação que Nibert fez entre hábitos frequentes de montaria e guerras e conquistas violentas. Culturas de vaqueiros/cowboys ao redor do mundo parecem seguir o mesmo padrão, na medida em que frequentemente se utilizavam do cavalo como auxílio no manejo dos rebanhos e

---

[11] Entre muitos exemplos possíveis, é possível mencionar o filme *Avatar*, em que os grupos indígenas do planeta alienígena vivem perfeitamente integrados com a natureza, onde a caça de animais é retratada como algo positivo e benigno e os vilões são os humanos vindos da Terra.

necessitavam de grandes áreas para mover seus rebanhos nas estações do ano, além de se defender de ladrões de gado, o que certamente colaborava para a formação de culturas de honra e grande apreço pela violência nas relações pessoais. Uma vez que a agricultura sempre ocupa uma área muito menor de terra do que as grandes extensões de terra utilizadas pela pecuária, historicamente sempre houve uma ligação muito forte entre o latifúndio e a pecuária, ou seja, entre a usurpação territorial por alguns poucos indivíduos de extensas áreas de terra. Ainda hoje, em que os animais não desempenham mais o papel de máquinas orgânicas direcionadas para a força de trabalho, a pecuária extensiva representa uma desculpa para formas de uso da terra pouco povoadas, de baixa capacidade de geração de emprego.

## 4.3 Da força muscular para a força mecânica

A utilização dos animais domésticos em diversas atividades humanas seguiu o padrão da utilização da força muscular humana, sejam esses camponeses ou escravos em diversas sociedades. Ou seja, todas as atividades relacionadas a agricultura, mineração, comércio e manufatura envolviam considerável grau de força proporcionado por esses animais e pela musculatura humana. Esse trabalho manual foi a base da sobrevivência humana por milênios e contava com o apoio de auxílios tecnológicos que ampliavam a força natural de homens e animais, como instrumentos manuais de metal diversos, como enxadas, foices e machados, a roda, carruagens, modelos de arreios e arados etc. Isso explica por que a capacidade de produção de bens de consumo dessas sociedades era mínima, se comparada com as sociedades modernas, baseadas na utilização massiva das máquinas.

Os primeiros precursores das máquinas modernas foram os moinhos a roda d'água, utilizados há milênios tanto pelos antigos romanos como pelos chineses. No entanto, o seu uso foi bastante limitado e por séculos não alcançou grandes desenvolvimentos. Também o moinho movido a vento foi bastante utilizado em certas regiões propícias, como na Holanda dos séculos XVI e XVII (Smil, 2017).

Mas somente no século XVIII, com o aperfeiçoamento da máquina a vapor por James Watt, é que foi possível identificar um ponto de partida histórico significativo para a entrada na era das máquinas, dos combustíveis fósseis que as impulsionam e na era da massiva produção de bens.

Watt calculou a capacidade de gerar trabalho de sua máquina patenteada a partir da força do cavalo (*horse power* – HP). Esse desenvolvimento está associado ao início da Revolução Industrial, primeiro na Inglaterra, na segunda metade do século XVIII, atingindo vários países europeus e os EUA, no século XIX, e praticamente o mundo inteiro, no século XX. A máquina a vapor foi o primeiro motor, era enorme para os padrões de hoje e revolucionou a indústria (manufatura), a mineração e o transporte, com ferrovias e navios a vapor, em oposição aos navios à vela. Mas, como alertou Smil (2017), mesmo na Inglaterra industrial, a máquina a vapor levou muito mais tempo para predominar do que muita gente pensa, sendo que a utilização das rodas d'águas na indústria no século XIX continuou extremamente importante na Inglaterra e em vários países. Da mesma forma nos transportes, embora o trem fosse substituindo pessoas e animais como meios de carregamento, ainda estes últimos desempenhavam papéis cruciais em muitas regiões de mais difícil acesso e em trajetos de menor distância.

Após a máquina a vapor e seus sucessivos aperfeiçoamentos quanto à sua eficiência no século XIX, o desenvolvimento dos motores passou pelo motor elétrico e pelo motor à combustão interna e o desenvolvimento dos primeiros automóveis, no final do século XIX. No início do século XX, os motores ficaram tão leves e eficientes que uma máquina que voa se tornou possível. O próprio desenvolvimento da aviação no século XX significou em termos tecnológicos, com a adoção do motor a jato, uma evolução cada vez maior em termos de potência e ao mesmo tempo de distanciamento do uso da força humana e animal. A utilização de motores cada vez mais potentes caminhou em paralelo com a utilização de combustíveis cada vez mais energeticamente densos, como o petróleo e seus derivados (Smil, 2017).

Na área da tecnologia agrícola, o uso predominante da força humana e animal sobreviveu por mais tempo. De fato, muito da evolução tecnológica agrícola no século XIX esteve vinculada ao uso massivo de cavalos, com grupos que chegavam a 10 animais na Califórnia do final do século XIX (Isett; Miller, 2016). Marcel Mazoyer e Laurence Roudart (2010) documentam no seu estudo sobre a agricultura, a significativa evolução tecnológica dos implementos a tração animal e arreios ocorrida, no século XIX, na Europa e nos EUA. Embora já existissem alguns tratores a vapor na segunda metade do século XIX, a era do trator, a tecnologia mecânica-chave nesse processo só se torna marcante no século XX, ainda em intensa competição com o cavalo mesmo nos EUA (Olmstead; Rhode, 2001). Em nível global, a transição da tração animal e trabalho braçal humano na agricultura para a utilização predominante das máquinas (tratores, colheitadeiras, implementos, patrolas, retroescavadeiras) só ocorre a partir da segunda metade do século XX, com a Revolução Verde. Junto às inovações científicas na área química e biológica, com adubos, agrotóxicos e melhoramento genético, isso explica como a produtividade do trabalho e da terra se elevaram enormemente no século XX, barateando a produção de alimentos e liberando o trabalho humano de tarefas tão penosas, embora produzindo também uma série de outras consequências não desejáveis. Talvez, não seja coincidência que a prática antiga e universal da escravidão humana, promovida por diferentes sociedades ao longo da história, de diferentes continentes, se não tivesse desaparecido ainda no século XX, mas diminuiu drasticamente e passou a ser universalmente condenada.

Figura 7 – Arando nos Nivernais (1849) – Rosa Bonheur

Fonte: Rosa Bonheur, Public domain, via Wikimedia Commons. Disponível em: https://commons.wikimedia.org/wiki/File:Rosa_Bonheur_-_Ploughing_in_Nevers_-_Google_Art_Project.jpg. Acesso em: 23 maio 2024

A tecnologia agrícola permitiu a explosão demográfica do século XX e uma inédita urbanização na história da humanidade, onde a maioria da população mundial passou a viver nas cidades. O avanço da tecnologia agrícola a partir do século XIX também permitiu uma redefinição de quais terras eram aptas para a agricultura, pois, por meio das novas técnicas, muitas novas terras passaram a se tornar aptas, como o Cerrado brasileiro. Ou seja, a partir de centros modestos e restritos de domesticação no início do Neolítico, a agricultura passou por um grande salto e ampliou enormemente as suas possibilidades, embora às custas de poluição por insumos químicos e desmatamento de ecossistemas nativos, com um grande custo para a fauna nativa e com novas consequências dramáticas para os animais domésticos, que iremos explorar no Capítulo 6.

Nesse novo contexto industrial, deixou de existir em muitos casos a própria noção de complementaridade entre pecuária e agricultura que havia em muitas sociedades tradicionais. Ou seja, se antes os animais domésticos, como bois, cabras e ovelhas ocupavam muitas terras marginais, sem utilidade para os humanos, e forneciam produtos úteis, hoje a pecuária representa mais um entrave, um obstáculo a utilização otimizada de terras agrícolas em lavouras ou áreas que poderiam ser revertidas para a produção de castanhas, árvores frutíferas, reflorestamentos para madeira, celulose, sequestro de carbono ou para a preservação da biodiversidade e corredores ecológicos.

Com todos esses avanços tecnológicos, os animais domésticos e os humanos passaram a fazer cada vez menos esforço físico, colaborando para uma verdadeira epidemia de sedentarismo dos dias atuais, com foco intenso em modelos de trabalho e diversão centrados em celulares, computadores e serviços que envolvem ficar sentado em frente a uma tela. Embora o número de animais domésticos continuasse crescendo na segunda metade do século XX, o interesse agora não era mais direcionado para a sua força física e sim quase que exclusivamente para a matéria constituinte dos seus corpos: carne, couro, leite e ovos. Além de causar um enorme sofrimento nesses animais e imensos danos ambientais, nesse novo contexto a pecuária cada vez mais se mostra como um entrave ao desenvolvimento da humanidade, não tendo mais nenhum papel essencial ou de aspecto vantajoso, como o exercido em outros tempos, para o desenvolvimento da civilização. Embora exista ainda uma poderosa indústria da carne atuando no mundo contemporâneo, vamos demonstrar no próximo capítulo como esta ocupa um lugar social relativamente marginal hoje se a colocamos em perspectiva histórica.

# CAPÍTULO 5

## ESTUDO DE CASO: ANIMAIS, GAÚCHOS E TROPEIROS NA FORMAÇÃO HISTÓRICA DO SUL DO BRASIL

> *Os brasileiros são, em geral, prestativos, mas o hábito de castigar os escravos lhes entorpece a sensibilidade. Nesta capitania acresce, ainda, outra modalidade cruel: a facilidade com que os habitantes podem renovar seus cavalos os impede de se afeiçoarem a estes, podendo impunemente tratá-los sem piedade alguma; vivem, por assim dizer, em matadouros; o sangue dos animais corre incessantemente em torno deles e, desde a infância, se acostumam ao espetáculo da morte e dos sofrimentos. Não é, pois, de estranhar se eles forem, ainda, mais insensíveis que o resto de seus compatriotas. Fala-se aqui das desgraças alheias com o mais inalterável sangue-frio. Conta-se que um navio naufragou e a tripulação pereceu afogada, como se relatassem fatos os mais desinteressantes.*
> (Auguste de Saint-Hilaire, 2002, p. 96)

Como se afirmou no final do capítulo anterior, a pecuária vem cada vez mais perdendo espaço nas sociedades contemporâneas em comparação com outras atividades, cada vez mais se mostrando como algo dispensável, por uma série de razões. Obviamente não se está negando aqui a grande riqueza econômica que gira ainda em torno da pecuária e da indústria da carne. Aliás, riqueza assentada em pés de barro, se considerarmos todas as possibilidades de substituição facilmente disponíveis. Mas, ao colocarmos em perspectiva histórica, percebemos que a pecuária e a indústria da carne já foram muito mais importantes e centrais para a vida social do que são hoje. Muitas pessoas ainda pensam que ser vegano é muito difícil, mas isso vem sendo desmistificado na prática por milhões de pessoas, e a própria indústria da carne demonstra interesse em atender o público vegetariano, com a produção de queijos, hamburgueres, pizzas e outros alimentos feitos sem carne, com proteínas vegetais. Com esses produtos e o desenvolvimento da indústria de alimentos, o que a própria indústria da carne hoje demonstra é que ela estaria preparada para a transição para um mundo vegano. Parece utópico ou absurdo para muitas pessoas considerarem essa possibilidade, mas assim devem ter pensado também nossos antepassados de 100 ou 200 anos atrás sobre as formas de vida do século XXI. Com esse quadro de referência em mente, passamos agora para o estudo de uma sociedade que era centralmente dependente da pecuária, tanto no sentido econômico, social, militar e mesmo geopolítico.

## 5.1 A origem do gaúcho

Como nasci e cresci no planalto catarinense, e pelo meu interesse pela música, desde criança compreendi, independentemente de qualquer consideração filosófica, a beleza e a poesia que o melhor da música gaúcha já produziu. Embora a História possa se inspirar na literatura como um meio para aperfeiçoar a sua narrativa, suas técnicas de linguagem, o caminho seguido pela poesia e pela literatura e pela História com frequência divergem, pois a História precisa ter compromisso com a verdade, enquanto a literatura precisa ter compromisso com a sensibilidade do artista e do público. Então, tudo o que foi dito sobre o gaúcho, no sentido literário e artístico, acaba sendo uma visão muito distorcida, simplista e idealizada sobre o passado de uma sociedade centrada na pecuária.

Não pretendo ser simplesmente mais um desconstrucionista, pois o objetivo aqui é tentar oferecer uma outra compreensão sobre o que foi uma determinada sociedade do passado a partir da abordagem geral proposta neste livro. Antes de derrubar estátuas e riscar nomes de placas, primeiro precisamos compreender as dificuldades e limitações materiais e intelectuais de cada época e não sermos duros ou complacentes demais com o passado. E assim voltamos para o tema da violência. Se falhamos em compreender que ela está onipresente na natureza e era generalizada em sociedades humanas no passado (e ainda hoje em certa medida), não temos condições de compreender adequadamente a história.

A formação cultural da identidade gaúcha e todos os seus significados associados, como a montaria, a pecuária, os rodeios e o churrasco, passam em primeiro lugar pela compreensão sobre o ambiente dos pampas. O bioma Pampa ocupa uma vasta área da América do Sul, que engloba uma área considerável da parte inferior da bacia do Rio da Prata, que inclui a metade sul do Estado do Rio Grande do Sul, o Uruguai e várias províncias da Argentina, incluindo a província de Buenos Aires. Era um bioma composto naturalmente de vegetação rasteira, com chuvas abundantes, invernos não muito rigorosos e na sua maioria de relevo não muito acidentado, em muitas regiões apenas com coxilhas ou colinas suaves. Todas essas condições naturais favoreceram imensamente o desenvolvimento da pecuária bovina e equina na região, pois eram bastante favoráveis às raças de animais trazidas da península ibérica.

Após a introdução de bois e cavalos pelos primeiros navegadores europeus, no processo de conquista da América, esses animais encontraram um ambiente extremamente favorável à sua reprodução e rapidamente se multiplicaram aos milhões, desprendendo-se de toda ação deliberada de cuidado humano (Crosby, 2011). Como não havia cercas de nenhum tipo — cercas de arame foram introduzidas na segunda metade do século XIX —, os animais fugiam dos assentamentos dos europeus e tinham condições de se multiplicar e formar rebanhos autônomos em relação aos seres humanos. Essa tendência para o gado bovino ou equino retornar ao estado selvagem também foi característica de outras regiões do mundo, como em certas partes da América do Norte.

Um centro irradiador desses animais e da ocupação humana foi Buenos Aires, definitivamente instalada a partir de 1580. Era uma região que passou a ser controlada pelos espanhóis, que rapidamente perceberam os imensos caminhos fluviais representados pela Bacia do Prata, com seus rios caudalosos e com centenas de quilômetros livres de corredeiras e cachoeiras para a penetração ao interior do continente. Embora fosse para os espanhóis desde o século XVI uma região secundária frente às formidáveis riquezas minerais extraídas da Cordilheira dos Andes, mesmo assim representava uma imensa região estratégica que rapidamente se mostrou eficaz como fornecedora de animais de carga, couro e sebo para as regiões mineradoras.

Em uma época em que não havia energia elétrica e outros meios facilmente disponíveis para a conservação da carne e considerando também as dificuldades e limitações do transporte marítimo pelas caravelas, os rebanhos de animais introduzidos se reproduziam mais rapidamente do que a capacidade de consumo desses animais pelas populações humanas, sejam europeus ou indígenas. Grupos indígenas da região, como os charruas e os minuanos, passaram a fazer uso regular dos cavalos, um animal estranho para eles, mas que souberam compreender em pouco tempo a sua utilidade em um ambiente de paisagens abertas e planas como os pampas, onde o seu uso implicava não só melhores possibilidades de caça e guerra, mas também de deslocamentos mais rápidos pelo território.

Nesse contexto, colabora ainda para a ampliação dos rebanhos de animais semisselvagens, chamados à época de vacarias, a instalação de missões por padres jesuítas espanhóis no atual território do Rio Grande do Sul, a leste do rio Uruguai. Essas comunidades habitadas por milhares de índios guaranis, mas com características católicas/espanholas, haviam sido atacadas pelos bandeirantes paulistas mais ao norte, na região do Guairá, e transferidas ainda no século XVII para a chamada região missioneira do futuro estado do Rio Grande do Sul. A continuação por mais algum tempo do conflito com os bandeirantes e a mencionada ausência de cercas nas paisagens abertas estimularam a formação de novas vacarias pela Campanha. Lembrando também que por si só essa introdução de animais exóticos de grande porte causou provavelmente significativas alterações na composição florística dos pampas, pois havia ali uma vegetação não adaptada ao pisoteio e pastoreio constante por grandes rebanhos de animais, como ocorria, por exemplo, nas savanas africanas ou nas pradarias da América do Norte (Brandt, 2012; Zarth; Gerhardt, 2009; Crosby, 2011).

O indígena guarani percebeu rapidamente a importância estratégica do uso dos animais introduzidos pelos europeus, bois e cavalos, no que se refere à sua força como animal de carga, montaria e tração, fonte de couro, sebo, carne e leite. A pecuária e a extração da erva-mate nativa (*Ilex paraguariensis*) eram as atividades econômicas mais rentáveis das missões, que pagavam impostos a Coroa, forneciam soldados indígenas em tempos de conflitos e representavam o avanço colonizador espanhol rumo ao interior do continente. Dessa forma, compreende-se que o peão ou vaqueiro de origem guarani certamente estava também entre os elementos originários para a formação da identidade gaúcha.

Mesmo antes da descoberta do ouro em Minas Gerais, os portugueses já tinham compreendido a importância geopolítica e econômica da região dos pampas, nos arredores da foz do Rio da Prata. Em violação ao tratado de Tordesilhas, os portugueses instalaram em 1680 a Colônia do Santíssimo Sacramento, bem em frente a Buenos Aires, do outro lado do Rio da Prata, numa acintosa atitude de concorrência com os comerciantes portenhos. Estava instalado um entreposto ligado ao contrabando e fonte de inúmeros conflitos bélicos e diplomáticos entre portugueses e espanhóis que se estendeu até o século XIX.

Das inúmeras atividades campeiras, muitas ilegais, que ocorriam à revelia dos fracos controles estatais promovidos pelas coroas ibéricas, nascia a figura do gaúcho, indígena ou mestiço de europeus com indígenas, habitante da fronteira e perito na lida com o gado, a montaria, a matança, o uso da faca, lanças e boleadeiras. Muito antes da idealização heroica e virtuosa do gaúcho que começa a aparecer na literatura só na segunda metade do século XIX, existia a ideia do gaúcho como um vagabundo, um homem rústico e habituado as condições difíceis de sobrevivência daquele ambiente socionatural (Slatta, 1992; Assunção, 1999).

Nessas condições dos séculos XVI e até pelo menos o século XVIII, em geral, não se pode falar de pecuária, pois essas vacarias vagavam pelos campos e eram meramente predadas ou caçadas pelos humanos, recebendo nenhum tipo de cuidado ou manejo. Eram sociedades muito violentas contra pessoas e animais. A mesma faca que mata e carneia o boi também era utilizada para matar pessoas, na resolução de desafetos de família e conflitos econômicos, como é característico de sociedades de fraca penetração da polícia e de sistemas judiciários. Da mesma forma, a boleadeira, que era uma arma de guerra charrua, passa a ser utilizada na caça ao gado, pois era utilizada para derrubar o animal em fuga, ao enrolar as cordas nas suas pernas e forçar a queda do animal para o abate com faca ou facão (Imagem 8).

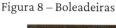
Figura 8 – Boleadeiras

Fonte: Museu Histórico Nacional – Montevideo, Uruguai. Foto do autor

Na Imagem 9, ainda uma outra forma de abate utilizando-se lanças, pode se ver uma representação feita pelo artista francês Debret, da primeira metade do século XIX, que deve ter capturado uma cena típica das lidas campeiras por décadas ou séculos na região dos pampas.

Figura 9 – Charqueada em Pelotas (Debret)

Fonte: https://tokdehistoria.com.br/2022/04/28/a-historia-do-brasil-pela-arte-de-debret/ Acesso em: 23 maio 2024.

Como se pode ver pela imagem, barbarismos e violências indescritíveis contra os animais devem ter sido praticados naquele contexto, com abordagens que passavam longe do que entenderíamos contemporaneamente como bem-estar animal ou direitos dos animais. Ferimentos realizados com facas e facões, sem sentimentalismos, num ambiente de luta pela sobrevivência por aquelas populações. Como se pode ver na imagem, era comum jarretar o animal — como se fazia, aliás, em guerras contra humanos —, ou seja, cortar o tendão das patas traseiras do animal com uma lança, a fim de que esse ficasse impossibilitado de fugir e desabasse ao chão. Esse é mais um exemplo histórico de que, uma vez que uma pessoa se habitua com a violência, mais ela parece se tornar natural ou normal, um meio aparentemente legítimo de resolver problemas no âmbito social, alimentar ou mesmo de controle de pragas na natureza. Certamente representa um desafio para aqueles que pensam que a natureza humana é essencialmente benigna. O que as pessoas naquele contexto pensavam sobre a violência contra os semelhantes e os animais contrasta muito com as atitudes predominantes hoje, mas não a violência e a crueldade em si, pois o sofrimento e a vida dos animais não diminuem por si só porque as pessoas tinham uma sensibilidade diferente. Quem tinha uma sensibilidade diferente, até certo ponto, eram as pessoas, e não os animais.

As vacarias, com seu gado chucro ou *cimarrón*, passaram a ser intensamente predadas por expedições de vaqueiros com o objetivo principal de extrair o couro dos animais e com frequência toda a carcaça era deixada no campo apodrecendo, por falta de meios de aproveitamento da carne e sebo. O couro era utilizado na região e exportado para a Europa, sendo relativamente leve para o transporte e alcançando um valor comercial compensador (Maestri, 2009). Como era mais fácil de ser transportado por terra do que a carne, por exemplo, e poderia ser curtido para não apodrecer, tornava-se um material mais resistente às intempéries e poderia ser moldado para várias utilidades. É difícil fazer ideia da importância, versatilidade e onipresença de objetos feitos de couro naquele contexto. Desde botas, jaquetas, calças, malas, sacos, cordas, materiais para arreios e uma infinidade de outras aplicações, o couro tinha uma importância muito maior do que nos dias de hoje, em que o couro sintético e outros materiais vegetais e sintéticos podem facilmente substituí-lo. O sebo, quando utilizado, era empregado na fabricação de velas, num contexto em que produzir luz artificial no interior das edificações era muito caro e ineficiente. Nessas condições, a carne bovina, preparada como churrasco nos acampamentos nos pampas, era consumida e vista como algo abundante e prontamente disponível e certamente ao longo de gerações essas atitudes foram moldando hábitos alimentares que tornaram a Argentina e o Uruguai até hoje como países com um dos mais altos índices de consumo de carne *per capita* no mundo.

## 5.2 As vacarias, a invenção do Rio Grande do Sul e das fronteiras sulinas

O interesse da Coroa portuguesa pelas vacarias e pelo comércio fluvial no Prata, materializado na Colônia do Sacramento, aumentou consideravelmente no século XVIII, ao mesmo tempo em que a uma série de conflitos militares com os espanhóis pela posse da referida Colônia se desenrolava. Um fator fundamental do interesse português pelas vacarias do Prata foi a descoberta do ouro nas serras de Minas Gerais, no final do século XVII, que gerou uma grande necessidade de animais para o transporte de mercadorias. O chamado Ciclo do Ouro brasileiro durou todo o século XVIII e significou a exploração de uma parcela significativa da produção aurífera mundial naquela época (Miller, 2007). A imensa quantidade do metal precioso encontrado atraiu milhares de garimpeiros e aventureiros em busca de enriquecimento rápido para Minas Gerais, ocasionando inflação ou hipervalorização de alimentos básicos e animais para transporte e montaria.

A importância das vacarias no período colonial fica evidente quando passamos a nos habituar a contemplar os inúmeros mapas produzidos a época pelos portugueses e espanhóis e onde com frequência os ervais (ou concentrações de erva-mate) e as vacarias são assinaladas nos mapas, as grandes riquezas da região. Testemunhos dessas riquezas proporcionadas pela erva e pelo gado são justamente as missões jesuíticas, que embora atacadas por bandeirantes e depois pelas próprias monarquias ibéricas, lograram alcançar um notável desenvolvimento cultural e econômico, cujas ruínas ainda permanecem, e em que pese as limitações da época. Do ponto de vista do índio, se a erva-mate e o chimarrão já eram utilizados pelos guaranis provavelmente séculos antes da chegada dos europeus, o gado era algo totalmente novo. Nesse quesito, podemos falar de um verdadeiro intercâmbio cultural, pois os europeus da região em pouco tempo se tornaram entusiastas consumidores do chimarrão, enquanto o indígena missioneiro por sua parte percebeu que não conseguiria mais sobreviver sem o gado.

Nesse contexto de estímulos econômicos e sociais intensos promovidos pela mineração, a ideia de buscar animais na região dos Pampas, distante cerca de 1.800 km de Ouro Preto, para atender as necessidades das regiões mineradoras, parecia viável e começou a atrair o interesse de aventureiros. Como consequência, a Coroa portuguesa passou a conceder sesmarias a partir da década de 1730 para alguns interessados em tomar posse de terras e explorar as vacarias no atual Rio Grande do Sul, que estão na origem das estâncias ou imensas fazendas que se formaram pela região. Na sequência, a Coroa tomou a iniciativa de fundar uma fortaleza (1737), no principal ponto estratégico do litoral do Rio Grande do Sul, que dará origem à cidade de Rio Grande. A fortificação militar no Rio Grande é o início de uma política de construção de fortalezas pelo interior do atual Rio Grande do Sul, visando a apropriação territorial e a defesa contra os espanhóis. Nessa mesma década, a primeira rota tropeira conectando o Sul do país por terra com as regiões mineradoras é aberta, o chamado Caminho de Viamão.

Os conflitos pela pequena, mas estratégica Colônia do Sacramento, hoje uma cidade no Uruguai, estavam no centro do debate para a formulação de inúmeros tratados assinados pelas coroas ibéricas e pela (re)definição das fronteiras dos mundos de fala portuguesa e espanhola na América do Sul, à revelia das populações indígenas. O mais importante desses tratados foi o Tratado de Madri (1750), que praticamente inventou a silhueta do Brasil, ou seja, definiu em linhas gerais as fronteiras do país que conhecemos hoje, incorporando vastos trechos do Pantanal e da Amazônia para o Império Português e mais tarde para o Brasil. Esse Tratado acabou provocando como consequência imediata um custo humano e militar muito alto, pois definia que a Colônia do Sacramento seria devolvida para os espanhóis — o que acabou não se concretizando naquele século — e as missões jesuíticas localizadas no atual estado do Rio Grande do Sul deveriam ser transferidas para o outro lado do rio Uruguai. Como consequência da óbvia recusa dos padres e índios missioneiros de deixar para trás seus pertences e suas terras, houve a chamada Guerra Guaranítica (1753-56), onde centenas ou milhares de pessoas perderam a vida (Golin, 2015; Myskiw, 2015).

**5.3 As rotas tropeiras rumo ao Sudeste e a formação dos latifúndios**

O Rio Grande do Sul, como região de fronteira do Império português, forma-se nesse contexto de conflitos com a Espanha e de interesses econômicos pelas vacarias. Num primeiro momento, os animais a serem levados, tocados a pé nas tropeadas, eram principalmente bois e cavalos. As jornadas eram longas e exaustivas, impensáveis para os dias de hoje, e os caminhos eram precários, sem infraestrutura e com grandes perigos. Os primeiros caminhos conectando o Sul com o Sudeste eram abertos por meio do uso de relatos ou mapas imprecisos e precários, elaborados por bandeirantes ou sertanistas nos séculos XVII e XVIII. O Caminho de Viamão buscava passar pelas áreas de campos de altitude no Sul do Brasil, de modo que os rebanhos pudessem pastejar enquanto viajavam. Desse modo, o caminho partia dos campos de Viamão, atualmente na região metropolitana de Porto Alegre e subia a serra passando pelos campos de Vacaria, atravessando o rio Pelotas, Lages (SC), Curitibanos, o rio Negro,

Lapa (PR), Ponta Grossa, Jaguariaíva e entrando pelo atual território de São Paulo até atingir Sorocaba. Ali, tropeiros do Sul vendiam os seus animais para outros tropeiros que seguiam viagem via Vale do Paraíba até Ouro Preto e as demais regiões mineradoras.

O principal interesse desse comércio eram os animais vivos, mas também se levavam outras mercadorias em pequena quantidade, além da importante circulação de notícias e de influências culturais que esses tropeiros promoviam, numa época em que poucas pessoas viajavam. Essas viagens duravam meses, enfrentavam chuvas intensas, épocas de frio e pastagens prejudicadas pelas geadas, ataques de índios e animais selvagens, e precisavam atravessar rios caudalosos e gelados sem ponte. Nas paradas ou pousos nos acampamentos, com o passar dos anos, formavam-se as primeiras fazendas do planalto catarinense e paranaense, com aluguéis de pastos para os tropeiros e pequenos pontos de comércio e descanso. Ainda no século XVIII, alguns desses locais estavam na origem de importantes cidades do interior da região Sul, como Lages (SC) e Ponta Grossa (PR). Eram viagens lentas, demoradas, não só devido à distância e ao relevo, mas também devido ao fato de que os animais precisavam parar para beber água e se alimentar com o que estivesse disponível pelo caminho, pois acabavam gastando muita energia em longas caminhadas e por dormir ao relento nos invernos frios do planalto sul-brasileiro.

Ao longo desses caminhos, que no máximo eram trilhas abertas improvisadamente com o pisoteio dos animais, a Coroa ainda tratava de cobrar impostos dos tropeiros, por meio dos Registros, que eram uma espécie de pedágio colocado em locais estratégicos, como em travessias de rios, nos chamados passos. Muitas trilhas alternativas e variações nos caminhos eram abertas pelos tropeiros na tentativa de fugir do fisco.

Por meio desses registros de cobrança de impostos e apesar das fraudes, tem-se indícios de que até o último quartel do século XVIII predominou o uso dos cavalos como animais de transporte. A partir dessa época, passam a predominar as chamadas bestas muares, ou mulas, que eram animais híbridos resultantes do cruzamento da égua com o jumento. Esse cruzamento tornava o animal estéril, mas extremamente resistente para o trabalho, especialmente em trilhas montanhosas, que era o caso de Minas Gerais, e onde não se podia contar com alimentos de boa qualidade para os animais. De acordo com Carlos Suprinyak e Cristiano Restitutti (2006, p. 8), "a carga usual de uma mula em Minas Gerais regulava em 6 a 8 arrobas

(90 a 120 kg). Animais grandes, 'burros de São Paulo', aguentavam até 12 arrobas (180 kg)". Da Austrália, a América do Norte, e passando pelo Oriente Médio, o Norte da África e o Brasil as mulas e os jumentos foram animais icônicos de inúmeras sociedades tradicionais, verdadeiros motores sencientes e orgânicos, escravizados e suportando pesos e sofrimentos dificilmente imagináveis para sustentar economias ao redor do mundo. Inevitavelmente, não só no sentido prático e econômico, mas também nas simbologias, na linguagem e na extensa convivência proporcionada por esses animais, eram heróis da construção de outros mundos pretéritos (Bough, 2011; Hickie; Oliveira; Quinteiro, 2018). O fato de a carne de equinos ser visto como um tabu ou algo não desejável em muitos países revela um pouco dessa tensão psicológica que advém da ideia de comer a carne de alguém que trabalhou lado a lado com as pessoas em tantas labutas do cotidiano.

Um pouco dessa admiração que muitas culturas tradicionais possuíam pelos seus animais de carga, em que pese os maus tratos frequentes recebidos por esses animais, com privação de água e comida, cargas excessivas e tratadores fustigadores e cruéis, pode ser visto em certas manifestações da cultura popular, como na "Besta Ruana", de Tonico e Tinoco, ou "O jumento é meu irmão", de Luiz Gonzaga (1976). Da mesma forma, na cultura gaúcha, inúmeras são as músicas e a literatura que giram em torno da relação psicológica e prática com os cavalos, como no exemplo a seguir, de "Os Serranos" (Lopes Neto, 2001). A ideia da penosidade do trabalho manual, hoje pouco recorrente para a maioria da população, considerando-se a disseminação do uso das máquinas, foi também comparada por Jason Hribal (2007), num quadro referencial marxista, com a situação das chamadas "classes trabalhadoras" no passado. Para Hribal, os animais são a "classe trabalhadora", explorados, mal pagos, sobrevivendo em condições precárias e suportando a carga do trabalho pesado. Essa mesma ideia também aparece em debates sobre gênero, em que se naturaliza a condição masculina como responsável por suportar o peso e o sofrimento de certos trabalhos manuais (Creveld, 2023).

Meu cavalo, meu amigo – Os Serranos (2015)

O patrão da eternidade
É um tropeiro de luxo
Fez do sul a nossa querência
Criou o cavalo e o gaúcho

No lombo do meu cavalo
Me sinto um rei no trono
O meu flete me obedece
Tem respeito pelo dono
Fui eu mesmo quem domei
Aproveitando talento
Que a história do meu cavalo
É um fato que eu lamento
Foi num dia de rodeio
Chovia barbaridade
Meu pingo rodou comigo
Quebrou perna na metade
Saltei de cima do potro
Que ficou ali no chão
Me olhando e esperando
Pela sua execução
Quando um cavalo se quebra
Matar o animal é o jeito
Mas acabar com um amigo de arreio
Eu nunca achei isso direito
O povo todo gritando
Presenciava o momento
Dizia: Mate o animal e acabe com o sofrimento
Eu olhava pro cavalo
O cavalo olhava pra mim
E a dor que ele sentia
Parecia doer em mim
Eu abracei o meu pingo
E ajudei a levantá-lo
O povo todo pedindo
Que eu matasse o meu cavalo
Eu senti naquele instante
Quando amigo era meu potro
Mas amigo que é amigo
Não tira a vida do outro
Dois amigos que se entendem
Na verdadeira amizade
O gaúcho e o cavalo

São amigos de verdade
Levei o potro pra estância
Cuidei dele feito gente
Amizade verdadeira não se acaba no acidente
Hoje quando eu vou pra lida
Noutro pingo galopando
Escuto lá na cocheira o meu potro relinchando
É a forma que o meu cavalo
Num sentimento profundo
Me agradece pelo gesto
De tê-lo deixado no mundo
Não monto mais meu cavalo
É verdade eu lhes digo
Ele vai morrer de velho
Ninguém mata o meu amigo

Os Serranos. Inverno Serrano – Meu Cavalo e Meu Amigo. https://www.youtube.com/watch?v=G3-0zICMGVw. Acesso em: 3 Maio 2024.

Besta Ruana – Tonico e Tinoco (1949)

Tinha uma besta ruana, pus o nome de princesa
Outra igual não existia cem léguas na redondeza,
Eu no lombo da ruana já fiz mais de mil proezas,
Minha besta marcadeira era mesmo uma beleza!

Eu tratava da ruana com toda a delicadeza
Se estourava uma boiada eu juntava na certeza,
Atravessava o Rio Pardo sem medo da correnteza
Essa besta marchadeira, ligeira por natureza.

Um dia chegou a desgraça no atalho da represa
Cai numa pirambeira a ruana ficou presa
A besta quis levantar, mas lhe faltou a firmeza
E quebrou as duas pernas e acabou minha princesa.

Passei a mão na garrucha, apontei com bem firmeza
A ruana relinchou como em jeito de defesa
Vi as lágrimas correr, aí do olho da princesa
Matei ele com dois tiros, depois chorei de tristeza.

> Abri uma sepultura, enterrei minha princesa
> Fiz uma cruz de pau d'alho deixei quatro vela acesa
> Na cruz eu fiz um letreiro, escrevi com bem clareza,
> Matei pra não vê sofrer a minha saudosa Princesa!

TONICO E TINOCO. Besta Ruana [Música]. [*S. l.: s. n.*], 2011. 1 vídeo (3 min.). Disponível em: https://www.youtube.com/watch?v=oJxQa0yacBg. Acesso em: 3 maio 2024.

Ao longo do século XVIII, à medida em que as vacarias de gado chucro do Rio Grande do Sul davam lugar as fazendas de criação, por meio da concessão de sesmarias pela Coroa portuguesa, mais ficavam nítidos os contornos dessa pecuária extensiva nos campos e as suas influências culturais. Essa pecuária extensiva, assim como em outros lugares do mundo com uma cultura similar, do ponto de vista energético, de produção de alimentos por hectare, era extremamente ineficiente em comparação com a agricultura. Como os animais se cuidavam sozinhos na maior parte do tempo, exigindo muito pouca intervenção humana, isso significava que essas fazendas empregavam muito poucos trabalhadores, como ocorre geralmente até hoje com fazendas pecuárias extensivas. Isso ajuda a explicar por que a população da capitania de São Pedro do Rio Grande do Sul era de apenas 17.900 habitantes em 1780 (Cardoso, 2003, p. 61).

Nesse sentido, se entendemos as dinâmicas dessa pecuária extensiva, entendemos como historicamente na região dos Pampas e em outros ambientes similares pelo mundo ou de formação de pastagens artificiais, a pecuária serviu como um instrumento de apropriação territorial pela elite latifundiária, em detrimento de populações indígenas no período colonial e em detrimento de outros usos mais democráticos da terra como a pequena propriedade camponesa. Como não havia cercas de arame até o final do século XIX, e as cercas de pedra ou de madeira eram na maior parte dos lugares inviáveis, essa pecuária na prática impossibilitava a produção agrícola em maior escala nas vizinhanças, pois o gado poderia avançar e destruir facilmente lavouras inteiras. Essa foi uma razão da interiorização da criação de gado para os sertões semiáridos do Nordeste brasileiro.

Esse padrão latifundiário e pouco empregador de mão de obra se difundiu não só pelos pampas rio-grandenses, mas também pelas áreas de campos nativos do planalto sul-brasileiro, como Lages (SC), os campos gerais do Paraná, Guarapuava e Palmas. Nesses locais, desde o final do século XVIII e ao longo do século XIX, desenvolveu-se uma pecuária extensiva que buscou incorporar ou expulsar as populações indígenas Kaingang, recorrendo-se ao uso da mão de obra escrava africana, embora em pequena quantidade comparativamente a outras regiões e atividades econômicas (Mota, 2008; Piazza, 1999; Gutiérrez, 2006). Essas áreas de campos nativos eram verdadeiras ilhas de paisagens abertas do Sul do Brasil na época, que era coberto por imensas florestas de araucária e outras formações florestais tropicais, como a Floresta Estacional Decidual. Como nessa época não havia motosserras ou meios eficientes para transportar madeiras serradas ou a produção agrícola, não havia interesse econômico pelas áreas florestais, mantidas mais ou menos preservadas até a segunda metade do século XIX (Carvalho, 2023; Nodari; Carvalho; Zarth, 2018).

## 5.4 A indústria do charque e o fim do tropeirismo

Para além da demanda por animais de carga ou cargueiros nas regiões mineradoras e agrícolas, outro fator que ajudou a reforçar essa economia pecuária latifundiária dos pampas rio-grandenses foi o desenvolvimento da economia do charque. Embora existisse uma abundância de animais naquele contexto, não havia formas eficientes e fáceis de conservar a carne como hoje em dia. Ou a carne era consumida em poucas horas após o abate ou se recorriam aos métodos tradicionais e milenares de conservação, como a defumação e a salga. A defumação é um processo intensivo em mão de obra, trabalhoso e certamente não vantajoso ou atrativo para aquele contexto em que abundavam animais vagando pelos campos. Já a salga da carne, na forma de charque se constituía numa alternativa, mas exigia uma enorme quantidade de sal para ser efetivamente posta em prática, e mesmo o comércio e provisão de sal naquele momento eram muito escassos.

A história do charque no Rio Grande do Sul, berço da indústria da carne no Estado e elemento reforçador da cultura e da identidade em torno do churrasco, começou em grande escala em torno de 1780, quando o português José Pinto Martins, severamente prejudicado pela grande seca de 1777, no Ceará, chegou à região de Pelotas trazendo técnicas para o aproveitamento do gado. Desde então e ao longo de todo o século XIX, Pelotas se constituiu no centro da indústria charqueadora, facilitada pela sua posição geográfica, próxima da lagoa dos Patos e com fácil saída para o mar. De um lado, a água necessária para o transporte e para as operações de abate do gado e do outro, os imensos estoques de matéria-prima.

A transformação de um animal vivo em charque era um processo cruel, sanguinário, que envolvia bastante mão de obra, onde o emprego do escravo africano foi frequente, considerando-se a lucratividade de toda essa indústria, que poderia arcar com os custos da importação dessa mão de obra. Era um trabalho sujo, insalubre e extremamente desagradável existente nesses ambientes charqueadores. Os animais eram tocados dos campos até os pátios das indústrias charqueadoras, em Pelotas e arredores, o que por si só tornava o ambiente da cidade, segundo relatos, bastante malcheiroso. Em seguida, os animais eram abatidos a facão ou faca pelos escravos, em ambientes piores que filmes de terror, onde toda a sensibilidade humana pelo sofrimento animal provavelmente era anulada ou apagada desde a infância ou dos primeiros dias de trabalho, em favor de considerações práticas e econômicas. Para uma sociedade que tolerava tanta violência contra os escravos humanos, não seria de se esperar muita compaixão pelos (escravos) animais. Esquartejados em pedaços, em mantas de carne, eram amontoados em pilhas nas quais se alternavam camadas de sal e camadas de carne, de modo que a carne fosse assimilando rapidamente o sal e se interrompesse o processo natural de apodrecimento. Após essa operação, eram colocados em varais de madeira para secar por dias, para perder o excesso de umidade e durar mais tempo. Em seguida, estavam prontos para o consumo, podendo ser consumidos meses após o abate do animal, o que os tornava aptos para longas viagens de navio até os mercados compradores, que poderiam ser as capitanias do Nordeste ou mais longe ainda, até Cuba.

O botânico francês Auguste de Saint-Hilaire, ao visitar o Rio Grande do Sul, no início do século XIX e conversar com os moradores, registrou suas impressões a respeito das charqueadas:

> Embora há vários meses não se abatam animais nas charqueadas, sente-se ainda, nos arredores, um cheiro bastante forte de matadouro e, por isso, pode-se fazer ideia do quanto deve ser desagradável esse odor nos tempos de matança. Nessa época, dizem que não se pode aproximar das charqueadas sem ficar logo coberto de moscas. Quando imagino essa porção de animais degolados, jorrando sangue, ossos amontoados, a prodigiosa quantidade de carne exposta nos secadouros, parece-me que esses lugares devem inspirar náuseas e horror. (Saint-Hilaire, 2002, p. 122).

O charque era um alimento destinado para os escravos de outras regiões ou populações livres pobres, o que indica a baixa qualidade desse produto final, pois quem possuía melhor condição econômica ou outras alternativas de obtenção de carne preferia a chamada carne verde, ou de animais abatidos recentemente, apesar dos riscos sanitários de ambos os produtos serem altos. Mesmo assim, o charque era uma espécie de indústria ou de agregação de valor sobre a matéria-prima animal disponível em abundância naquele contexto, e por isso representou uma grande fonte de riqueza para as regiões charqueadoras do Rio Grande do Sul, Uruguai e Argentina. Pelotas, no século XIX, era uma cidade mais rica do que Porto Alegre, embora essa riqueza não fosse compartilhada na sua maior parte com as populações escravas, que enfrentavam condições humilhantes, cruéis e degradantes de trabalho (Assumpção, 2022).

Essa indústria charqueadora se espalhou para outras cidades e regiões da campanha gaúcha, e inclusive está na origem de muitos conflitos com o governo central do Império, como na Revolução Farroupilha (1835-1845), pois os fazendeiros e industriais gaúchos demandavam proteção comercial contra a importação do charque uruguaio e argentino, mais barato e de melhor qualidade (Vargas, 2014).

No final do século XIX, principalmente com a introdução das técnicas de frigorificação, ou seja, de resfriamento e congelamento da carne destinada à exportação, há uma paulatina reorganização dessa indústria, desde os EUA, Argentina, Uruguai e Brasil, que leva décadas para se completar (Perren, 2006). Nesse processo, em que o charque foi sendo gradualmente abandonado, muitas novas técnicas serão experimentadas, inclusive de carne enlatada e de extrato de carne, essa última uma aposta do químico alemão Justus von Liebig. Nesse sentido, como apontou Carlos Espíndola (2002), a indústria charqueadora platina, não só a rio-grandense, ocupou historicamente um papel de destaque na gênese e desenvolvimento da indústria da carne no mundo e no Brasil em particular, que após a Revolução Verde se tornou um dos maiores produtores de carne do planeta (Klein; Luna, 2020; Wilcox, 2017).

Enquanto isso, a economia tropeira no século XIX seguia incrementando o comércio de animais vivos, não só conectando o Sul do Brasil com o Sudeste, mas também oriundos de outras regiões, como o Nordeste e o Centro-Oeste (Camphora, 2017). Como é sabido, a utilidade dos tropeiros e do transporte em lombo de animais durou até as décadas de 1960 e 1970 em algumas regiões mais restritas, de serras, e onde a infraestrutura das estradas de rodagem e caminhões demorou mais a penetrar.

No século XIX, a demanda por mulas e outros animais cargueiros aumentou ainda mais, em função das lavouras de cana de açúcar e principalmente em função da expansão cafeeira no Sudeste. Desde a década de 1840, o Brasil emergiu como o maior produtor mundial de café, num contexto em que essa bebida se tornava mais e mais um produto de massas na Europa e nos Estados Unidos. Nesse sentido, havia uma enorme demanda por animais de transporte para carregar as sacas de café das fazendas para as regiões portuárias. Com o início da era ferroviária no Brasil e no estado de São Paulo em particular, a partir de 1872, houve um rápido declínio desse tropeirismo de longa distância que conectava o sul do Brasil com o Sudeste. O trem, juntamente ao barco a vapor, significou a introdução da força das máquinas na economia brasileira, com muito mais rapidez e eficiência no transporte do que a força dos animais poderia proporcionar. A partir dos dados de comércio de animais na feira de Sorocaba, percebe-se o fim desse tropeirismo de longa distância partir das décadas finais do século XIX (Klein, 1990).

A partir da segunda metade do século XIX, com a chegada ao Sul do Brasil de levas crescentes de imigrantes europeus de diversas nacionalidades, como alemães, italianos, poloneses, ucranianos, outros espaços além dos campos nativos foram sendo ocupados e transformados pelas atividades econômicas. Ao invés do latifúndio pecuarista nos pampas e nos campos de altitude, a pequena propriedade agrícola policultora e fonte das pequenas indústrias nascentes avança sobre as florestas nativas. Ou seja, além da maior diversificação econômica, para além da pecuária, do charque e do tropeirismo, com a intensificação da extração e beneficiamento da erva-mate e da madeira, há também proporcionalmente uma diminuição da influência indígena, africana e portuguesa no Sul do país. O recenseamento de 1872, nesse contexto histórico final do tropeirismo, contabilizava uma população total de 721 mil habitantes nas 3 províncias do Sul, o que representa cerca de 1,2 habitante por km² dessas províncias (Recenseamento, [1874?]). Embora esse seja um cálculo muito bruto e que precisa levar em conta as dinâmicas de expansão da fronteira agrícola na região, de toda forma serve para indicar como eram pequenas as densidades populacionais relacionadas a uma sociedade em transformação, mas que ainda era fortemente influenciada pela lógica da pecuária extensiva, uma lógica de pouco emprego de mão de obra ou atração populacional.

## 5.5 Animais, militarismo e identidade gaúcha

Todos os conflitos entre portugueses e espanhóis pela posse da Colônia do Sacramento, somados aos conflitos pela posse das vacarias e dos campos na região do Pampa, e mais tarde no século XIX as guerras de independência da Argentina e do Uruguai, a Revolução Farroupilha (1835-1845), as guerras civis no Uruguai e a Guerra do Paraguai (1864-1870) geravam um estado permanente de tensão política e militarismo nessa região de fronteira. Antes da tecnologia militar mecanizada do século XX, que envolve veículos como tanques de guerra e aviões, movidos a combustíveis fósseis, a cavalaria era um elemento central de qualquer guerra e, para um país pobre como o Brasil, dispor de cavalos e cavaleiros habilidosos deveria ser uma grande vantagem para os exércitos do Rio Grande do Sul, em particular. Não é à toa, portanto, que estátuas equestres ocupem lugar de destaque na memória, como no centro de Montevideo, em relação ao herói uruguaio José Artigas. O hábito e as habilidades necessárias para a montaria, a doma de cavalos e a construção de arreios são processos complexos, que envolvem considerável treino e prática. A proficiência no manejo dos cavalos, é preciso acrescentar, era essencial na caça ao gado xucro no período colonial ou mesmo na criação pecuária posterior, para tocar as boiadas e se deslocar pelos campos com mais facilidade e agilidade.

Considerando as facilidades para a montaria que o ambiente de paisagens abertas e não montanhosas dos pampas, e ainda as tensões geopolíticas da fronteira sul, não é coincidência a formação no Rio Grande do Sul de uma tradição militar que com frequência desafiou o poder central do Rio de Janeiro e buscou impor pela força as suas aspirações, desde a Revolução Farroupilha, a Revolução Federalista e passando pela tomada do poder na Revolução de 1930, com o gaúcho Getúlio Vargas. Talvez seja possível ir mais além e afirmar que a lida frequente com a pecuária produz um efeito brutalizador sobre o ser humano, em que a convivência cotidiana com o sofrimento, a castração e o abate de animais produzam também uma certa falta de sensibilidade com o sofrimento do ser humano. Certamente, essa tradição militar e a força física necessária para lidar com animais grandes e perigosos também se conecta com ideias arraigadas sobre a masculinidade do gaúcho, que é comumente ressaltada em outras culturas de vaqueiros. Mas essas são ideias que merecem ser testadas e discutidas por mais estudos empíricos.

O fato é que as elites latifundiárias e charqueadoras do Rio Grande do Sul, a medida em que iam perdendo prestígio político e econômico no final do século XIX, com a ascensão econômica dos imigrantes europeus, buscaram se agarrar a identidade do gaúcho. O habitante nativo do Rio Grande do Sul, embora até hoje chamado de gaúcho, tornava-se a partir de então cada vez mais distante da imagem do vaqueiro ou cowboy dos pampas, e cada vez mais o imigrante, colono de origem alemã, italiana ou polonesa, ocupava a cena. Apesar dessa complexificação social no Estado e proliferação de colônias de europeus, especialmente na metade norte e até então florestal, a identidade gaúcha permaneceu como uma moeda simbólica muito forte e inclusive conquistou corações e mentes de muitos desses colonos que não tinham nada que ver com culturas de vaqueiros.

Expressão desse apelo simbólico da identidade gaúcha foi a proliferação dos chamados Centro de Tradições Gaúchas (CTGs), com característica tradicionalista, da manutenção dos costumes do gaúcho, o churrasco, o chimarrão, as vestimentas, a música e a dança. Essa reemergência da identidade gaúcha ocorreu também numa leva a partir da década de 1940, quando o Rio Grande do Sul passava por um processo de urbanização e de crescente influência cultural dos EUA. Como afirmou o pesquisador Ruben Oliven (2000, 1996), na Argentina, também ocorreu um processo semelhante, em que a figura do gaúcho se projetou como uma idealização da figura nacional argentina, enquanto no Rio Grande do Sul, o gaúcho é construído como um elemento de identidade regional. A partir desses CTGs, construiu-se uma identidade regional marcante, em contraponto a outras identidades regionais brasileiras, como os paulistas, cariocas, mineiros e nordestinos. À medida que os colonos de origem rio-grandense colonizaram vários espaços de Santa Catarina, Paraná, Província de Misiones, Paraguai e a partir da década de 1970, Mato Grosso, Goiás e o Norte e Nordeste, os CTGs foram se proliferando e com eles uma manutenção de uma identidade gaúcha. Nesse processo, destacou-se a multiplicação de bandas e músicos gaúchos, com seus violões, gaitas, em ritmos como chamamés, xotes, milongas, rancheiras e cantorias e letras procurando retratar assuntos como montarias, churrascos, bailes e o mate. Artistas de destaque e influenciados por essa tradição, como Ariel Ramírez ou Yamandu Costa, levaram esse estilo *folk* para o cenário internacional.[12]

---

[12] Ver por exemplo Costa (2021), Allessandrini (2015) e Mirano (2023).

Após a Revolução Verde, com o declínio da montaria e da tração animal na agricultura, e a expansão dos veículos automotivos nas cidades, essa identidade de vaqueiros (gaúchos) ficou cada vez mais idealizada e distante da realidade do cotidiano. Ao mesmo tempo, o consumo de carne, o churrasco, ficou mantido como parte dessa cultura, como símbolo de confraternização, apoiada pela indústria da carne, interessada em promover campanhas para o aumento do consumo pela população, que expandiu seu poder aquisitivo nas últimas décadas. Ou seja, embora as operações violentas de lida com o gado tenham desaparecido do cotidiano da maior parte da população, permaneceu e se amplificou a violência do processo de transformações de animais em carne, nos frigoríficos da região. Quanto às paisagens, tanto o Rio Grande do Sul quanto o Uruguai e a Argentina assistiram à ascensão do cultivo de soja como um elemento importante da economia nas últimas décadas e que, embora seja (injustamente?) odiada por muitos, tem o potencial de criar novas identidades regionais em torno dessa proteína vegetal.

# CAPÍTULO 6

## HOLOCAUSTOS ANIMAIS: A INDUSTRIALIZAÇÃO DA PRODUÇÃO

> *Os animais são as principais vítimas da história, e o tratamento de animais domesticados em fazendas industriais é talvez o pior crime da história.*
> *(Yuval N. Harari, 2023)*

A introdução e a disseminação mundial da pecuária industrial marcaram uma nova fase na história da humanidade e dos animais domésticos, com sérias consequências para os próprios animais, a saúde humana e o meio ambiente. Esse capítulo vai explorar as consequências para os animais, enquanto os impactos para a saúde humana e ambientais serão alvo do próximo capítulo (Capítulo 7). A pecuária industrial aqui é entendida como um polo oposto da pecuária tradicional ou extensiva, ou seja, onde os animais domésticos (bois, suínos, frangos, peixes etc.) são submetidos ao confinamento em espaços apertados, muitas vezes apenas com iluminação artificial (caso dos frangos e suínos), e alvos de intensa manipulação genética, e formas de alimentação e medicamentos com forte intervenção científica. A utilização da ciência e da tecnologia para nos relacionarmos com os animais, por si só, não deve ser visto como um problema, quando pensamos, por exemplo, nos avançados tratamentos veterinários, medicamentos, vacinas, antibióticos e cirurgias, que tanto melhoram a qualidade de vida humana quanto animal. Como afirmava Carl Sagan (2006), a ciência é uma espada de dois gumes e tanto pode ser usada para fins benéficos quanto maléficos. Infelizmente, a maneira como muitas pessoas historicamente escolheram usar a ciência no relacionamento com os animais não foram favoráveis, em muitos casos, aos interesses destes. Quando examinamos os avanços científicos desde o século XIX nas áreas da química, biologia ou nutrição e na forma como esses avanços foram aplicados no relacionamento com os animais, principalmente no que diz respeito às práticas pecuárias, temos melhores condições de avaliar como esses conhecimentos foram aplicados. Voltaremos a avaliar esses aspectos mais à frente.

## 6.1 Explorando as origens da pecuária industrial

Desde o século XIX, com o avanço científico e tecnológico em diversos campos, as possibilidades de intervenção sobre o corpo humano e animal se ampliaram de forma antes impensável. Os avanços na nutrição, por exemplo, partindo das noções básicas das proteínas, carboidratos e vitaminas, tornaram conhecidos em cada vez mais detalhes os nutrientes (macro e micro) necessários para o bem-estar humano e animal. Como certas espécies de animais eram objetos de um intenso interesse pecuário e, portanto, econômico de exploração de seus corpos e pela pouca consideração ética por intervenções dolorosas, eles foram na prática-alvo de inúmeras pesquisas, que inclusive acabaram por beneficiar também os próprios humanos, como no caso de testes de vacinas e remédios.

As origens da pecuária industrial, assim como da agricultura moderna da pós-Revolução Verde, são múltiplas, ou seja, tornaram-se possíveis a partir de diversas frentes de inovação científica e tecnológica que se desenvolveram mais ou menos de forma independente. Um elemento essencial foi o controle das doenças infecciosas, pois o ambiente superlotado das granjas industriais (as *factory farms*, ou CAFOs, como são conhecidas em inglês) ou dos *feedlots* (os confinamentos a céu aberto de bovinos) favorece a propagação de doenças patogênicas. O conhecimento científico sobre os microrganismos causadores de doenças em humanos e animais (bactérias, protozoários e vírus) foi um verdadeiro divisor de águas na história da humanidade, pois, a partir da segunda metade do século XIX, de posse desse conhecimento, a chamada teoria dos germes, foi possível ampliar enormemente as chances de sobrevivência de qualquer organismo humano ou animal. Não coincidentemente, houve uma inédita explosão demográfica humana e dos animais domésticos a partir de então, o que também foi possível graças ao aumento exponencial da produção agrícola através da tecnologia moderna. De uma população mundial de cerca de 1,6 bilhão (um pouco mais do que a Índia em 2025), houve um salto para mais de 8 bilhões no início do século XXI, com impactos ambientais de toda a ordem, além de econômicos, políticos e culturais, incluindo a nossa forma de pensar sobre a própria dinâmica populacional de países e regiões.

Menos conhecidos do que esses números são os dados demográficos das populações de animais domésticos no mundo, que também passaram por aumentos exponenciais durante o século XX, e vinculados às mesmas tecnologias médicas e agrícolas que permitiram a expansão demográfica humana. O conhecimento científico biológico a partir do século XIX foi fundamental para espalhar hábitos simples, mas eficazes, como lavar as mãos com sabão com frequência, e outros métodos de assepsia em cirurgias, e que no seu conjunto diminuíram dramaticamente as taxas de mortalidade (Rooney, 2012). Entre as tecnologias médicas/biológicas que salvaram inúmeras vidas humanas e animais, além dos medicamentos e das vacinas, deve-se destacar os antibióticos. Essa tecnologia médica, descoberta por Alexander Fleming em seu laboratório em 1928, tornou-se comum no seu uso médico e veterinário apenas durante e após a Segunda Guerra Mundial, com a produção industrial dessas substâncias. Por meio dos antibióticos, a morte poderia ser evitada não só ao realizar uma cirurgia, diminuindo o risco de complicações, mas também em procedimentos e acidentes mais simples, como um corte no pé ou extrair um dente, que costumavam ser muito mais perigosos até o século XX.

Para a pecuária industrial, com a produção de animais em confinamento, a utilização massiva de antibióticos já a partir da década de 1950 foi uma tecnologia-chave, pois permitiu pela primeira vez que grandes populações de animais pudessem viver em ambientes superlotados sem o risco de epidemias que, em circunstâncias normais ou pré-antibióticas, teriam dizimado populações inteiras de animais. Além do controle das doenças, o antibiótico administrado na comida dos animais acelera o seu crescimento, provavelmente devido ao efeito na flora microbiana no intestino desses. Como afirmou o historiador John McNeill (2000), a partir do século XX, os seres humanos se tornam os verdadeiros senhores da biosfera. Mas essa parece ser uma vitória temporária da humanidade sobre os microrganismos, que vem aos poucos preparando o contra-ataque, com o aparecimento de inúmeras bactérias super-resistentes, o que vem provocando muitas críticas ao uso de antibióticos na pecuária e a possibilidade do surgimento de uma era pós-antibiótica, em que as bactérias vão voltar a causar muito mais mortes por infecção (Reardon, 2014).

Outras descobertas científicas importantes para o surgimento da pecuária industrial se referem aos micronutrientes (vitaminas e minerais) e suas quantidades precisas para o crescimento e funcionamento dos corpos humanos e animais. Até o início do século XX, por exemplo, não se sabia do papel-chave que a vitamina D desempenha no organismo humano e animal e, portanto, criar animais em ambientes fechados, sem luz do sol, era considerado um desafio e frequentemente ocasionava em animais com problemas de crescimento no esqueleto. Outro exemplo relevante nessa questão se refere à vitamina B12, em que o organismo humano e dos animais precisa de minúsculas quantidades (na escala dos microgramas, ou seja, a milésima parte do miligrama), mas que são essenciais para o perfeito funcionamento dos corpos. A vitamina B12 foi descoberta (isolada) apenas, em 1947, e, como ela é produzida por uma bactéria, a cianocobalamina, uma vez descoberta a sua utilidade e a sua quantidade necessária, foi fácil e ao mesmo tempo fundamental a produção em grande escala para a sua adição à alimentação humana ou animal. Como lembrou o nutricionista Eric Slywitch (2022, p. 144), grande parte da B12 consumida pelos humanos hoje tem origem em fábricas de produção dessas bactérias, pois mesmo a maioria da população consumidora de carne, indiretamente obtém essa vitamina por meio da carne de animais que foram suplementados com rações contendo B12 oriunda de laboratórios.

A vitamina B12 e outros micronutrientes (vitaminas e minerais), embora necessários em pouca quantidade, são fundamentais para o crescimento acelerado dos animais, como almeja a pecuária industrial. E por serem necessários em pouca quantidade, uma vez determinadas essas quantidades precisas, resultados de décadas de pesquisa, principalmente na primeira metade do século XX, tornou-se conveniente produzi-los industrialmente e adicioná-los aos macronutrientes oriundos de colheitas massivas e vinculadas a moderna tecnologia agrícola, principalmente milho e soja. Assim, a produção industrial de vitamina B12 tornou possível alimentar animais considerados onívoros no seu estado natural, como frangos e suínos (e também humanos) de forma totalmente vegana, ou seja, basicamente com rações contendo milho, soja e micronutrientes adicionados (Cromwell, 2009).

Poderíamos enumerar aqui ainda muitas outras descobertas científicas e tecnológicas desde o século XIX e que foram fundamentais ou pelo menos facilitaram muito o surgimento da pecuária industrial e que englobam ainda uma série de questões relacionados a ambientes com aquecimento, materiais para construção de granjas, oferta de energia elétrica em regiões rurais e a própria evolução tecnológica dos transportes em navios, trens e caminhões para o acondicionamento e movimentação de animais, rações e produtos derivados destes. Mas ainda se torna relevante aqui examinar mais um conjunto de inovações científicas vitais para o surgimento da pecuária industrial, bem como das consequências que essa proporcionou.

Nesse sentido, a pecuária industrial está intimamente conectada ao desenvolvimento tecnológico agrícola, pois, sem o aumento exponencial da produção de grãos, de fato num ritmo muito mais rápido do que o crescimento demográfico da humanidade, não teria existido a possibilidade de desperdiçar tantos cereais para destiná-los a animais em granjas industriais. Assim, apesar da enorme diminuição da mortalidade humana proporcionada pelos avanços sanitários, antibióticos e vacinas, a produção agrícola foi capaz de atender ao ritmo potencialmente suicida de crescimento demográfico do século XX, e ainda alimentar uma população sem precedentes de animais domésticos sob um regime industrial. As tecnologias-chaves nesse processo foram o fertilizante sintético (especialmente o nitrogênio sintético), considerado por Vaclav Smil como a mais importante invenção tecnológica do século XX, e a manipulação científica genética das plantas e dos animais, partindo das leis de Mendel e se aperfeiçoando até atingir a era da engenharia genética na segunda metade do século XX. Pesticidas e máquinas agrícolas como tratores e colheitadeiras completaram o pacote tecnológico responsável pelo aumento inédito na produção agrícola mundial e capaz de suportar (até o momento) uma população humana 1.600 vezes superior ao do final do Paleolítico, sem contar a população de animais domésticos. Para fazer ideia da importância e consequência dessas inovações científicas, estimativas indicam que a invenção do nitrogênio sintético garante a existência de cerca da metade da população mundial, proporção que vem crescendo significativamente desde meados do século XX (Erisman *et al.*, 2008, p. 637). Ao ponderarmos que a maior parte dos seres humanos que já existiram no planeta é oriunda dos últimos dois séculos e meio, é fácil constatar que o nitrogênio sintético tornou possível a existência de uma grande parte da humanidade existente até hoje. Não sem consequências ambientais também indesejáveis na forma de poluição em rios e lagos, formação de zonas mortas em áreas costeiras e poluição do ar em formação de ácido nítrico e outros compostos.

Por meio do raciocínio da filosofia, poderíamos inclusive argumentar até que ponto aumentar o número de vidas humanas, mesmo que felizes e com qualidade, para o mundo é algo positivo, à custa de mais impactos nos ecossistemas do planeta. Aparentemente, muitas pessoas estão dispostas a aceitar que não é algo ruim aumentar a população, especialmente quando pensam nos seus próprios países. Para fazer isso, a alimentação vegana oferece uma ótima opção, pois é possível alimentar mais pessoas num planeta vegano do que num planeta carnívoro ou onívoro, como apontam vários estudos (Tilman; Clark, 2014). Retornaremos em mais detalhes nesse assunto no próximo capítulo.

## 6.2 Vivendo numa prisão superlotada

Dadas essas condições científicas e tecnológicas para o surgimento e proliferação da pecuária industrial, é possível entender como esta foi capaz de aumentar a população de animais domésticos exponencialmente no século XX. Esse aumento não ocorreu uniformemente pelas paisagens rurais, mas cada vez mais concentrado em granjas cada vez maiores e automatizadas, visando a redução no uso de mão de obra. Conforme a interpretação de Tony Weis (2013a), as granjas industriais de animais confinados são ilhas ou arquipélagos em meio a oceanos de monoculturas (principalmente de soja e milho), o chamado complexo grãos/carne.

O confinamento é uma característica central da pecuária industrial e visa essencialmente economizar ração por meio da inibição da atividade física. Em muitos aspectos, o confinamento é contrário aos interesses de qualquer animal, que prefere o exercício físico, a liberdade de explorar o seu ambiente, evitar o excesso de interação social e, ao mesmo tempo, também aprecia a proteção contra as inclemências do clima, predadores e doenças por meio de vacinas e antibióticos. Sabemos o quão vital é a atividade física para a manutenção da saúde humana e, por outro lado, o quão ruim é o sedentarismo. Por analogia, criar animais num ambiente em que a atividade física é severamente restrita e com quase nenhuma outra forma de entretenimento para passar o tempo, além de comer e beber água, é algo extremamente entediante no nível psicológico e prejudicial para a saúde física dos animais. Só não chega a ser mais prejudicial porque esses animais têm uma vida muito curta sob o regime industrial, impossibilitando o aparecimento de enfermidades que de outra forma estariam inevitavelmente presentes.

Se as portas das granjas industriais estivessem abertas, os animais (sejam eles porcos, galinhas ou vacas) prefeririam sair e explorar o meio ambiente ao seu redor. Talvez, quisessem voltar apenas para buscar mais comida e água ou para passar a noite. O confinamento, seja ele em granjas, em cercados sem telhado (*feedlots*) ou de galinhas "*freerange*", em gaiolas, como no caso das galinhas poedeiras, ou em baias de porcas parideiras, causa desconforto e tédio nos animais, problemas respiratórios por excesso de amônia, além de vários conflitos por vezes violentos entre eles, relacionado à sua natureza social, em que se torna inviável o estabelecimento de hierarquias e expressões naturais do seu comportamento. Como consequência, tornou-se padrão por muitos anos técnicas mutiladoras e dolorosas como debicagem em frangos e cortes da cauda em porcos. Mesmo nós humanos que temos a vantagem de ter a nossa disposição entretenimentos intelectuais em forma de livros e telas não gostamos de passar muito tempo confinados no mesmo ambiente e com muitas pessoas ao nosso redor. Dessa maneira, não é difícil compreender que os animais têm a necessidade psicológica de caminhar ou se movimentar pelo seu ambiente, explorar sons, sabores, cheiros e imagens diferentes, e não ficar restritos a ambientes monótonos e com excesso de interação social.

Como já discutimos em capítulos anteriores, há muitos séculos filósofos e cientistas debatem as capacidades sencientes dos animais, o que vem sendo confirmado e aperfeiçoado por um volume crescente de pesquisas na área do bem-estar animal nas últimas décadas (Fraser, 2023; Barber, 2018). Mesmo no nível da observação popular, qualquer pessoa consegue reconhecer como os cães, por exemplo, tem o modo brincar, em que a mordida não é de verdade, e o modo agressivo, em que a mordida verdadeira e a ira estão presentes. Ou seja, os cães e mesmo animais ditos de "fazenda" ou "sítio" tem um nível de complexidade psicológica suficiente para saber a diferença entre brincar e se comportar seriamente. Em outras palavras, os animais não vivem apenas para comer, beber água, reproduzir-se e morrer, mas possuem complexas necessidades psicológicas, que não são atendidas em ambientes de granjas industriais e mesmo em muitos contextos de produção ao ar livre, onde suas vidas são abreviadas para que possam servir como produção de carne para os humanos.

O frango em particular, devido ao enorme interesse comercial na exploração dessas aves, passou por um processo de transformação extremamente agressivo em relação ao seu bem-estar. O frango antes do regime industrial era um animal com muito mais osso e menos carne, em outras palavras, era um animal com um esqueleto robusto e mais bem preparado para viver no seu ambiente. Mas com o interesse por aumentar o volume de carne na sua carcaça, com um peito e coxas grandes, carnudas, aliado ao interesse em abreviar o tempo de vida dos animais, para que esses pudessem comer o mínimo possível de ração, os cientistas se esforçaram para produzir geneticamente linhagens de animais com corpos grandes e esqueletos pequenos e, portanto, frágeis. Resultado: para atender as demandas comerciais da produção industrial, a vida do frango moderno é uma vida miserável de dores crônicas nas articulações, na qual o esqueleto e os órgãos internos como o coração mal são capazes de acompanhar o ritmo de crescimento acelerado do organismo como um todo, o que gera vários problemas fisiológicos (Gentle, 2011; Mckittrick, 2012).

Os frangos destinados à produção de ovos também têm uma vida miserável e consideravelmente mais longa, pois são submetidos a viverem em gaiolas apertadas onde não é possível sequer esticar as asas. Problemas nos ossos e dores crônicas são frequentes, pois o ritmo intenso de produção de ovos prejudica as reservas de cálcio do organismo desses animais.

Outro animal que tem uma vida particularmente difícil nos confinamentos são os suínos. Esses animais são altamente inteligentes e, se forem permitidos, adoram explorar o seu ambiente, mexer com a terra e brincar com os seus pares. Mas, nos confinamentos, o tédio e a superlotação geram um estresse crônico e brigas frequentes, com comportamentos agressivos e dolorosos como morder a cauda uns dos outros. Especialmente sofrida é a situação das porcas parideiras, que ficam confinadas em baias individuais muito apertadas e são mantidas prenhas (grávidas) com a máxima frequência possível.

Muitos outros animais utilizados como fonte de carne, leite e ovos são violentamente forçados a viverem em confinamentos, o que causa distúrbios psicológicos graves nessas criaturas e sofrimentos que a grande maioria da população não pode ver com os seus próprios olhos, pois estão localizados em granjas em que não é permitida a visitação do público. O motivo da proibição das visitas é que isso aumenta o risco de contaminações dos rebanhos por microrganismos. A condição dos animais nas granjas industriais e a forma como são transportados e mortos em frigoríficos para serem transformados em carne são cenas em geral desagradáveis e que estão disponíveis por meio de alguns poucos filmes, que, aliás, poucas pessoas têm interesse ou preferem até serem poupadas do próprio sofrimento humano que é assistir aos animais vivendo e morrendo. Nos EUA, as empresas produtoras de carne conseguiram pressionar os políticos em vários Estados para criminalizar filmagens não autorizadas de locais de criação e abate, num claro cenário de inversão de valores, como se a violência fosse cometida antes pelos ativistas do que pelas práticas normais da indústria (Josephson, 2020; Fitzgerald, 2015).

Sobre o transporte dos animais das granjas industriais até os frigoríficos, embora nas últimas décadas existam algumas medidas de bem-estar animal aplicadas para diminuir o nível de estresse, ainda é possível verificar como se trata de algo essencialmente cruel e contrário aos interesses dos animais. Frangos são colocados com a máxima eficiência possível, leia-se com a máxima velocidade e sem muita preocupação com os seus membros, em caixas apertadas de plástico e amontoadas em caminhões. Porcos e leitões são colocados em baias apertadas em caminhões. Frequentemente, é possível ver esses animais nesses caminhões pelas estradas sendo transportados em dias de muito calor, chuva ou frio, levando-se em consideração que são animais não acostumados a viajar em caminhões em alta velocidade, ouvir sons de veículos e lidar com movimentações bruscas de pare e siga (Zappaterra; Faucitano; Costa, 2023).

Além do transporte mais visível pelas estradas, existem formas invisíveis ao público de transporte e que se referem ao enorme volume de animais vivos transportados por navios em viagens de longa distância nos oceanos. É uma prática antiga e que começou a se intensificar a partir do século XIX, inclusive incentivando a prática dolorosa de descornar o gado bovino, ou seja, cortar os chifres desses animais para que eles possam ser melhor aglomerados em espaços apertados sem correr o risco de se machucarem muito, leia-se, sem estragar a carcaça (Derry, 2015).

Nos frigoríficos, embora os métodos de abate tenham evoluído consideravelmente desde o século XIX, quando muitos animais eram abatidos com facas, marretas, martelos e machados, o abate em si é inescapavelmente uma prática cruel e contrário ao desejo de qualquer animal de dar continuidade a sua própria vida. Qualquer animal, inclusive os humanos, ao ser confrontado com uma situação de perigo à sua sobrevivência, institivamente procura evitar a fonte daquele perigo, sentindo medo e se afastando das fontes potencialmente causadoras de danos físicos. Esse é um sinal muito claro de que qualquer animal, diante do perigo, prefere instintivamente viver e não morrer. Nesse sentido, o abate, ainda que totalmente indolor e no qual o animal não sabe que vai morrer, além de interromper uma vida que poderia ser prolongada e, portanto, de experiências felizes, no caso de um animal que tenha qualidade de vida, interrompe o desejo de vida de qualquer animal senciente. Esse é um motivo muito forte pelo qual lamentamos inclusive a perda de uma vida humana numa guerra ou num acidente fatal, pois, mesmo que a morte tenha sido totalmente indolor, sabemos que era uma pessoa que desejava viver mais e que não tem mais como continuar vivendo, ou seja, continuar tendo experiências positivas na vida. Se esse é um raciocínio correto para os humanos, por que não seria para os animais, pelo menos parcialmente?

Os esforços seculares e bem-intencionados para diminuir o sofrimento dos animais nos frigoríficos desde o século XIX, infelizmente levaram ao surgimento e solidificação do enganador conceito de "abate humanitário" (Dias, 2009). Como se o abate de um animal, um ato necessariamente violento e contrário ao desejo de vida desse ser, pudesse ser compatibilizado com um gesto humanitário, que significa essencialmente ser empático e ajudar uma pessoa ou um animal que está em necessidade. Ser humanitário significa ajudar, amparar e não maltratar ou abater. O único tipo de abate que poderia ser considerado como humanitário seria naqueles casos muito específicos em que uma eutanásia de um animal gravemente enfermo significasse a melhor alternativa para interromper um sofrimento que não pode ser mais revertido e em que não há perspectivas de melhora da saúde do animal, compatível com um nível mínimo de qualidade de vida. Ou seja, quando a morte significaria a melhor alternativa viável para a vida daquele animal. Mesmo assim, a indústria da carne e os órgãos governamentais usam e abusam do conceito de "abate humanitário", contra toda a lógica e bom senso do que essas palavras realmente significam, num claro uso orwelliano de conceitos (As normas [...], 2023; JBS, 2024). Não há dúvida de que as condições de abate melhoraram ou se tornaram menos piores do que eram há décadas atrás, quando os métodos de abate eram mais primitivos e os cuidados muitas vezes menores, mas considerar como o abate de um animal senciente o ponto-final e desejável do processo é claramente uma limitação muito grande e um uso perverso do adjetivo humanitário, quando, na verdade, as condições ideias seriam aquelas em que o esforço é direcionado para a continuidade da vida do animal e não do seu fim.

> Sobre filmes violentos contra os animais
>
> A experiência de assistir a um filme (documentário) contendo cenas não censuradas de violência contra os animais é certamente uma forma adicional de sofrimento. Meramente assistir cenas de abate de animais, ainda que no conforto de casa e na tela de um computador ou smartphone causa desconforto e mal-estar em muitas ou na maioria das pessoas. Mesmo assim, esses filmes podem ser considerados formas úteis de estudo e complementares as leituras acadêmicas sobre a situação dos animais em diversos contextos. Embora contenham material desagradável à sensibilidade humana e especialmente não apropriados para menores de idade, devemos ponderar até que ponto não estamos fazendo um desserviço à nossa própria compreensão de mundo, ao escolher deliberadamente nos afastar dessas realidades. Nesse sentido, minha opinião pessoal, após me defrontar várias vezes com esse dilema em contextos pedagógicos, é escolher assistir e discutir academicamente esses filmes, até porque estamos privados fisicamente de ter contato com esses animais pelas razões sanitárias. A seguir, comento três filmes como exemplos interessantes para ver e refletir sobre a violência contra os animais:
>
> *A Carne é fraca* (2005) – o documentário apresenta alguns dados não atualizados, pois nos últimos 20 anos algumas situações e dados apresentados mudaram. No entanto, a maior parte das discussões permanecem atuais e relevantes em vários aspectos, considerando os argumentos em torno da discussão ambiental relacionada a pecuária e as questões relativas ao bem-estar e aos direitos dos animais. Contém cenas fortes (Gonçalves, 2005).
>
> *Terráqueos* (2005) – narrado pelo ator Joaquin Phoenix. Os 10 primeiros minutos do documentário têm poucas cenas de violência explícita e apresentam uma discussão interessante e bem fundamentada filosoficamente sobre os direitos dos animais. O restante do documentário, com cerca de uma hora e meia de duração total, apresenta muitas cenas fortes de violência contra os animais em diversos contextos de uso humano: entretenimento, pecuária, frigoríficos e pesquisa científica (Monson, 2005).
>
> *Dominion* (2018) – o documentário é focado na Austrália, mas apresenta práticas industriais de criação e abate de animais que são comuns em vários países. O documentário é organizado em imagens e algumas discussões filosóficas relacionadas a cada tipo de animal, numa sequência que envolve porcos, frangos, bezerros, vacas, bois, cabras, cães, peixes, cavalos, ratos, coelhos e outros. Apresenta diversas cenas fortes e explícitas de violência contra os animais (Delforce, 2018).
>
> Para assistir a mais vídeos e imagens não censuradas, não disponíveis ou não facilmente acessíveis no YouTube, Google ou Meta (Instagram e Facebook), ver Farm Transparency Project. https://www.farmtransparency.org/

Além das granjas e dos frigoríficos, outros exemplos em que o descaso pela vida dos animais é notório no contexto da pecuária industrial, trata-se dos momentos trágicos em que doenças potencialmente graves para a saúde humana são detectadas nos rebanhos. Nesses momentos, temendo as mortes em humanos, escândalos na saúde pública e pesadas consequências econômicas para a indústria, milhares ou milhões de animais são abatidos simplesmente como medidas preventivas. Por exemplo, no Reino Unido, desde 1986 cerca de 4,4 milhões de bovinos foram abatidos simplesmente para erradicar a doença da vaca louca (BSE), enquanto os casos em seres humanos pela doença variante (vCJD), entre 1990 e 2011, no país resultaram em 122 mortes confirmadas e 54 prováveis (Smil, 2013, p. 28; All protection [...], 2018). Sobre os casos de gripe aviária, desde o final dos anos 1990, ela tem causado algumas mortes em humanos na China e Sudeste Asiático. Até 2005, ela tinha causado menos de 100 vítimas humanas no Vietnã, Tailândia e Indonésia, mesmo assim para conter a doença, somente em 2004 na Tailândia foram abatidas 40 milhões de galinhas (Smil, 2013, p. 28, 29). Diversos autores que acompanhavam a situação dos episódios de gripe aviária naquela região alertavam para o potencial de surgimento de uma pandemia, como a que ocorreu a partir de 2019, com o covid-19. Vaclav Smil, escrevendo em 2013 sobre a gripe aviária, afirmava:

> Este vírus estará sempre conosco, espalhando-se a partir dos seus reservatórios naturais nos bandos de patos do Sul da China – e também manterá o seu potencial pandêmico. Como resultado, não podemos excluir a possibilidade de que uma futura gripe pandêmica (cujo momento não pode ser previsto, mas cujo regresso é inevitável) venha de aves domésticas (Smil, 2013, p. 29).

Certamente, a perda de uma única vida humana em consequência de uma doença como essas deve ser lamentada e evitada. Mas e a perda de milhares de vidas desses animais? Raramente, os autores acadêmicos e jornalistas que contabilizam esses abates massivos de animais discutem a tragédia humanitária que essas mortes significam.

## 6.3 A explosão demográfica dos animais domésticos

Assim como foi o caso dos humanos, as populações de animais domésticos destinados ao abate nos séculos XX e XXI sofreram um incremento muito mais acelerado e com números absolutos mais altos do que em qualquer outro momento da história. Uma grande proporção desses animais, especialmente frangos e suínos, mas também bovinos e peixes, levam vidas miseráveis em fazendas industriais, onde o estresse e o sofrimento são uma constante em suas curtas existências. Essas seriam vidas tão ruins que não valem a pena serem vividas, poder-se-ia argumentar filosoficamente (ver Capítulo 1). Em outras palavras, talvez seria melhor não trazer ou não permitir que esses seres tivessem nascido.

Quanto à proporção bem menor de animais de criação que têm uma qualidade de vida pelo menos razoável, em sistemas orgânicos ou *freerange* de criação, ou seja, que vivem em ambientes mais amplos onde suas necessidades físicas e psicológicas são minimamente atendidas, e que são abatidos em frigoríficos em idades bem abaixo da sua capacidade biológica, há de se questionar o seu bem-estar envolvido em suas vidas perdidas ou interrompidas nesses sistemas. Afinal, como questionou a filósofa Tatjna Visak (2011, p. 13), se é importante proteger o seu bem-estar, por que não é igualmente importante proteger a sua vida?

A seguir, reproduzimos alguns gráficos com dados da FAO para ter uma noção mais precisa dessa explosão demográfica animal que ocorreu nos séculos XX e XXI, especialmente da década de 1960 em diante, com a disseminação em vários continentes das tecnologias da Revolução Verde. Começamos com os dados da pecuária bovina. Além do total mundial, escolhemos assinalar nesse e nos próximos dois gráficos os dados para Brasil e Índia, por ser o Brasil um líder na produção e exportação de carne e a Índia por ter se tornado recentemente o país mais populoso do planeta, com mais de 1,4 bilhão de seres humanos.

Gráfico 1 – Número de bovinos no Mundo, Brasil e Índia (1961 a 2022)

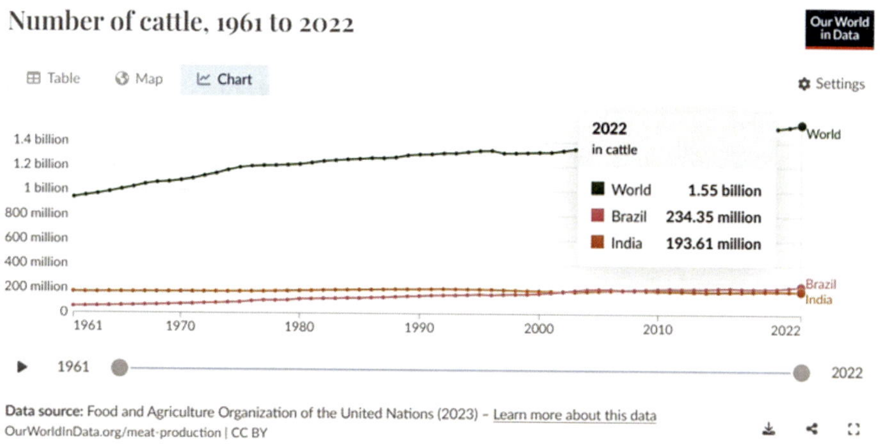

Fonte: Food and Agriculture Organization of the United Nations (2023d) – with major processing by Our World in Data

Como se pode verificar pelo Gráfico 1, o total mundial de bovinos passou de menos de um bilhão em 1961 para 1,55 bilhão em 2022, com sérias consequências ambientais, especialmente na questão do desmatamento e nas emissões de gases do efeito estufa (Capítulo 7). O Brasil abriga uma parcela significativa dessa população mundial de bovinos e tem tido desde o início do século XXI a maior população do mundo, seguido pela Índia e pelos EUA. Na maioria dos casos, no Brasil, os bovinos não são permitidos viver por mais de 40 meses (Klein; Luna, 2023, p. 430). Apesar de em muitos países os bovinos poderem desfrutar do ar livre, com mais liberdade de movimento e acesso a pastos e à luz do sol, expande-se mundialmente o modelo dos *feedlots*, em que pelo menos uma parte da vida do animal ocorre em cercados fechados e sujos com muito esterco, com pouco espaço de movimento.

A seguir, os dados da evolução da população de suínos no mundo, seguindo os mesmos parâmetros:

Gráfico 2 – Número de suínos no Mundo, Brasil e Índia (1961 a 2022)

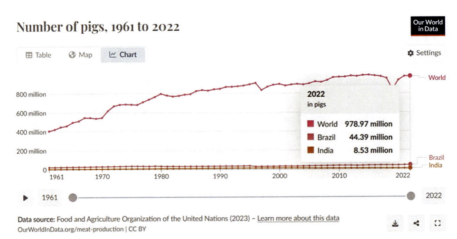

Fonte: Food and Agriculture Organization of the United Nations (2023e) – with major processing by Our World in Data

Como pode ser observado no Gráfico 2, o total mundial de suínos mais do que dobrou entre 1961 e 2022, atingindo 978 milhões de animais. Uma parcela significativa desses animais está concentrada na China, com um rebanho de cerca de 452 milhões. Os países com os maiores rebanhos são China, EUA e Brasil, nessa ordem. Esses animais são na sua maioria criados em granjas industriais, em espaços apertados e estressantes, com um tempo de vida permitido de cerca de seis meses.

Por fim, reproduzimos no gráfico a seguir os dados da evolução do número de aves domésticas (principalmente frango), o tipo mais consumido de carne no mundo hoje:

Gráfico 3 – Número de aves domésticas no Mundo, Brasil e Índia (1961 a 2022)

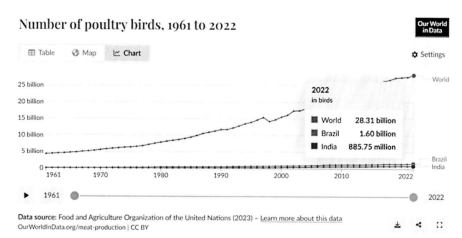

Fonte: Food and Agriculture Organization of the United Nations (2023) – with major processing by Our World in Data

O gráfico utiliza o termo *poultry*, que em inglês se refere ao conjunto de aves domésticas destinadas ao abate, como frango, peru, pato e ganso. No entanto, nesse conjunto, o frango representa mais de 90% das aves. Como se pode perceber, em comparação com os bovinos e os suínos, a explosão demográfica das aves domésticas foi ainda mais acentuada no período considerado, pois mais do que quintuplicou a população dessas aves. Em outras palavras, há hoje mais de três aves domésticas por habitante humano no planeta. A imensa maioria dessas aves vive sob o regime industrial em barracões apertados com milhares de aves e, no caso dos frangos de corte, são permitidos a viver no máximo sete semanas. A intensa transformação genética promovida pelo setor de frango conseguiu produzir um animal com a melhor eficiência possível em comparação com outros animais que são destinados ao abate, mas a um custo extremamente alto para essas criaturas frágeis, cujos esqueletos e sistemas fisiológicos mal conseguem suportar a velocidade de crescimento corporal, ocasionando muitas dores crônicas. As maiores populações de aves domésticas em 2022 estavam na China, Indonésia e Paquistão, nessa ordem.

Além desses, uma lista ainda incompleta com outras populações de animais domésticos destinados ao abate no mundo pode ser conferida no Quadro 3, a seguir, com dados de 2014:

Quadro 3 – Populações de animais domésticos (espécies selecionadas)

| Nome comum | Número de animais existentes em 2014* |
|---|---|
| Ovelha | 1,2 bilhão |
| Cabra | 1,01 bilhão |
| Búfalo | 194,46 milhões |
| Cavalo | 58,83 milhões |
| Asno | 42,76 milhões |
| Mula | 10,16 milhões |

* Medido como o número de animais vivos em um único ponto em 2014.
Fonte: elaboração própria, a partir dos dados da FAO. Livestock counts - HYDE & FAO (2017) – processed by Our World in Data

Na sua quase totalidade, esses animais são criados em fazendas em um sistema de alta rotatividade, ou seja, são permitidos viver um tempo consideravelmente menor do que a extensão típica de vida dos humanos ou um tempo de vida consideravelmente menor do que sua capacidade biológica. Dessa forma, esses números se traduzem em milhões de abates anuais, o que significa bilhões de vidas animais interrompidas pelo propósito frequentemente banal de transformar uma vida senciente em carne para alimentação, na maioria dos casos, existindo alternativas viáveis de alimentação.

Quadro 4 – Número de animais abatidos por sua carne (1961, 1991, 2022)

| Nome comum | Número de animais abatidos por sua carne (anos selecionados - em milhões) |||
|---|---|---|---|
| | 1961 | 1991 | 2022 |
| Galinhas | 6.580 | 28.220 | 75.210 |
| Patos | 226,71 | 915,68 | 3.190 |
| Porcos | 376,33 | 918,76 | 1.490 |
| Ovelhas | 330,84 | 455,75 | 637,27 |
| Perus | 141,62 | 560,51 | 515,23 |
| Cabras | 102,89 | 228,02 | 504,14 |
| Bovinos | 172,94 | 246,61 | 308,64 |

Fonte: Elaboração própria a partir dos dados da FAO.
Food and Agriculture Organization of the United Nations (2023c) – with major processing by Our World in Data.

Pelos dados do Quadro 4, percebe-se que as galinhas são os animais mais abatidos pelos humanos para obtenção de carne, tendo um aumento muito significativo desde 1961, decuplicando. Somente no ano de 2022, por exemplo, mais de 75 bilhões de galinhas foram abatidas para o consumo de sua carne. Em comparação, em duas ordens de magnitude a menos, mais de 308 milhões de bovinos foram abatidos nesse mesmo ano. Essa diferença tão discrepante se refere não só ao tamanho do bovino, que por indivíduo ou carcaça individual rende mais carne do que o frango, mas também ao seu tempo maior de vida até ser enviado para o frigorífico.

Não incluído nesse quadro está o número de peixes e outros animais aquáticos mortos para o consumo humano. A FAO e os organismos nacionais de estatística sequer conseguem contabilizar, apenas em toneladas de produção, o que demonstra que a noção do indivíduo se perde nesses números. A baleia, por exemplo, tem sido um animal mamífero muito lembrado quando se trata da proteção da fauna nos oceanos nas últimas décadas. Mas essa proteção se refere principalmente às espécies de baleia e seus genes e não ao seu bem-estar ou seus direitos. Como é o caso de muitos outros animais aquáticos e terrestres, frequentemente a preocupação é a partir de um olhar estritamente biológico, direcionada para genes, espécies e ecossistemas e não para indivíduos, senciência e sua qualidade de vida. A partir dos dados da FAO, Mood *et al.* (2023) estimaram que já em 2019 o número de peixes abatidos para o consumo humano provavelmente ultrapassava os cerca de 80 bilhões de aves e mamíferos mortos anualmente para servir de carne aos humanos, ficando na faixa de 78-171 bilhões. Esses autores recomendam que "a FAO colete e publique estatísticas para produção de peixes cultivados em números, bem como em tonelagens, para facilitar a avaliação do bem-estar animal" (Mood *et al.*, 2023, p. 14).

Quando gastamos um momento do nosso tempo para refletir como esses números frios de estatísticas de abate, que escondem violências que quase ninguém quer ver em abatedouros, longe de serem lamentados, são, ao contrário, frequentemente celebrados como indicadores econômicos de prosperidade das nações ou empresas, na literatura acadêmica ou no jornalismo. A atitude comum em relação a esses números reflete o quanto se perde a dimensão de existência ou de bem-estar implícitos nessas vidas animais. Muitas pessoas lamentam profundamente quando um animal de estimação como um cão ou um gato morrem atropelados, por exemplo, mas, ao tratar de animais ditos de produção ou fazenda, mas que têm basicamente as mesmas emoções ou sensibilidade perante a vida, estão preparadas psicologicamente para desligar qualquer sentimento de compaixão ou empatia por essas bilhões de vidas eliminadas por motivos frequentemente fúteis.

## 6.4 O mundo ficou mais violento?

Apesar das guerras e conflitos que continuam acontecendo, como discutimos no Capítulo 2, Steven Pinker (2017) demonstrou empiricamente na sua obra monumental sobre a história da violência contra humanos e não humanos, como a violência vem diminuindo drasticamente ao longo dos séculos, o que se expressa na diminuição do número de assassinatos proporcionalmente ao total da população em praticamente todas as sociedades e no número de mortes em guerras e conflitos armados (proporcionalmente ao tamanho da população). Pinker verificou que essa tem sido uma tendência estatisticamente observável e já prevista por outros autores clássicos como Norbert Elias, que também demonstravam em como o avanço dos hábitos civilizados tende a diminuir os episódios de violência. No entanto, o autor toma o cuidado de alertar de que não há garantias de que no futuro essas tendências de diminuição da violência se mantenham ou até não se revertam.

A respeito dos animais, Pinker também reconheceu a violência que historicamente tem sido cometida contra essas criaturas, mas que infelizmente no século XX a "revolução do frango assado" contrabalançou as tendências de violência. Ou seja, os métodos de criação industrial foram capazes de anular os avanços proporcionados pelo aumento da preocupação social com o bem-estar animal. Depois de revisar na seção anterior esses dados sobre a pecuária mundial e suas práticas, parece inequívoca a conclusão de que o mundo ficou mais violento para os animais do que era sob as práticas das agriculturas tradicionais ou mesmo nos ambientes naturais. Apesar desses dados sobre abate da pecuária mundial, é preciso também reconhecer que alguns avanços aconteceram em termos de bem-estar animal, com algumas medidas ainda que tímidas ou discretas tomadas para diminuir o sofrimento dos animais em frigoríficos e em sistemas de criação e transporte.

No seu conjunto, considerando a escala do número de abates e mesmo a utilização bastante disseminada de métodos de confinamento, a era da pecuária industrial tem sido a era mais violenta da história, no que concerne ao relacionamento humano com os animais. Paradoxalmente, também é convincente dizer que a era da pecuária industrial tem sido o momento histórico de maior consciência social disseminada sobre o bem-estar e o sofrimento animal. Nunca houve tanta pesquisa, universidades e centros de pesquisas, esforços de ONGs, empresas e órgãos de governo no sentido de reconhecer a importância do bem-estar animal. Ainda que um conceito calculadamente limitado de bem-estar animal, como já discutimos (ver Capítulo 2), e que não leva em conta o abate do animal como um prejuízo para o seu bem-estar. Ainda assim, tem existido um esforço genuíno e sincero de muitos atores globais no sentido de reconhecer que o sofrimento animal importa, ainda que pareça algo secundário frente a outras prioridades, pois sequer foi elencado entre os objetivos do Desenvolvimento pela ONU.

Como a pecuária industrial tem utilizado métodos mecânicos de criação e abate, envolvendo muito poucos trabalhadores por animal criado e abatido, em comparação com décadas passadas nos sistemas tradicionais, isso significa que o número de pessoas diretamente envolvidas com o sofrimento e o abate dos animais é muito pequeno no conjunto da população. Além de ocasionar uma despersonalização, ou seja, uma massificação do atendimento a aqueles indivíduos animais, algo que encontra um paralelo em instituições que atendem muitas pessoas, como em grandes hospitais, com consequente diminuição da atenção as necessidades e sentimentos individuais, essa situação gera uma separação física entre o ato de comer carne ou outro produto de origem animal e as condições reais de vida e morte daquele animal consumido. No contexto das sociedades altamente urbanizadas, a maioria da população jamais teve que abater um animal para o seu consumo, o que certamente colabora para a alteração das sensibilidades a respeito dos animais.

A sensibilidade social em relação aos animais e à diminuição da tolerância a cenas de sofrimento humano e animal também tem aumentado nas últimas décadas, como discutimos no Capítulo 2. A contradição entre os horrores da pecuária industrial e a sensibilidade mais favorável aos animais das populações urbanas deveria ser resolvida em favor dos animais, ou seja, estendendo a mesma compaixão que temos com cães e gatos para bois, porcos e galinhas, e não simplesmente permitir que métodos de pensamento agrários ou veterinários que sustentam as práticas da pecuária recolonizem o nosso pensamento a respeito dos animais urbanos. Resolver essa contradição é um dos grandes desafios do século XXI, pode-se argumentar, e esse caminho parece ser o mais coerente com os nossos valores sinceros, com nossas emoções e com nossas noções de justiça e razão, que não foram construídos artificialmente.

# CAPÍTULO 7

## A GRANDE ACELERAÇÃO: CARNIVORIZAÇÃO DA ALIMENTAÇÃO E IMPACTOS AMBIENTAIS

> *Já é tempo de levarmos a sério estas descobertas científicas, porque à medida que o poder humano continua a crescer, a nossa capacidade de prejudicar ou beneficiar outros animais cresce com ele. Durante 4 bilhões de anos, a vida na Terra foi dominada pela seleção natural. Agora é cada vez mais dominado pelo design inteligente humano. A biotecnologia, a nanotecnologia e a inteligência artificial permitirão em breve que os seres humanos remodelem os seres vivos de formas novas e radicais, o que redefinirá o próprio significado da vida. Quando projetamos este admirável mundo novo, devemos levar em conta o bem-estar de todos os seres sencientes, e não apenas do Homo sapiens.*
> *(Yuval N. Harari, 2023)*

Os números de abates discutidos no último capítulo, além de fornecerem indícios sobre a escala da violência cometida contra os animais, também indicam duas outras questões relevantes a serem exploradas no presente capítulo, a saber, a carnivorização da alimentação humana e os impactos ambientais ocasionados pela pecuária. O termo "Grande aceleração" do título do capítulo se refere ao termo que muitos cientistas utilizam para descrever a intensificação dos efeitos ambientais causados pela humanidade nessa segunda e mais intensa fase do "Antropoceno" (Steffen *et al.*, 2011).[13] Já o termo "carnivorização" da alimentação (no original *meatification of diets*) tomamos emprestado do geógrafo canadense Tony Weis (2013a) e se refere ao fenômeno relativamente conhecido de grande aumento do consumo de carne ou de centralidade da carne nas dietas das sociedades urbanizadas após a disseminação da pecuária industrial. Vamos ao primeiro tópico.

---

[13] O objetivo aqui não é entrar no mérito do debate científico sobre o termo Antropoceno, se este é válido ou não. De qualquer maneira, desde a Revolução Industrial estamos vivendo no período histórico mais intenso de destruição ou intervenção no meio ambiente e na vida dos animais causado pela humanidade.

## 7.1 Carnivorização da alimentação

Com exceção de alguns pesquisadores, principalmente os dedicados ao tema da alimentação, poucas pessoas se dão conta de como os padrões de consumo de carne mudaram drasticamente, especialmente após a Segunda Guerra Mundial. Embora no senso comum exista a ideia de que carne é essencial e de que o ser humano sempre foi onívoro, a realidade histórica é que os padrões de consumo de animais sofreram grandes oscilações ao longo do tempo e são bastante variáveis conforme a geografia e o contexto social. Após a invenção da agricultura e a domesticação de animais, em geral o nível de consumo de carne caiu bastante e se manteve baixo até o século XIX, na Europa, com exceção das elites. A pobreza, a ineficiência da agricultura, da pecuária e do comércio internacional de alimentos da época explicam esse baixo consumo. Na Inglaterra da década de 1860, por exemplo, a metade mais pobre da população tinha um consumo de carne *per capita* de cerca de 10kg. Na Alemanha, a média da população antes de 1820 era de menos de 20kg de carne *per capita*, e esse índice era muito menor em vários países asiáticos e africanos até o século XX (Smil, 2013, p. 62; Teuteberg; Flandrin, 1998).

O primeiro país onde o consumo de carne se elevou bastante foi a Inglaterra, onde o aumento da renda proporcionada pela Revolução Industrial, a urbanização, e a melhoria dos transportes terrestres e marítimos (com trens e barcos a vapor), aliados à nova técnica de resfriamento e congelamento da carne, foram fatores decisivos que colaboraram para a formação de uma poderosa indústria da carne e níveis de exportações mundiais de carne nunca antes vistos (Warren, 2018). Esses fatores, aliados à melhora geral na alimentação, com mais frutas, verduras e alimentos mais diversificados, colaboraram inclusive para o aumento da estatura média da população (Liebermann, 2015; Sorcinelli, 1998).

Como abastecedores de mercados externos e ao mesmo tempo consumidores vorazes dessa nova indústria da carne centrada nos frigoríficos, e não mais em meros matadouros ou abatedouros, destacaram-se os EUA, Argentina, Uruguai, Austrália e Nova Zelândia (Perren, 2006). Esses países possuíam amplas áreas de pastagens naturais e uma baixa densidade demográfica ou populações indígenas que foram mortas, expulsas ou incorporadas, o que possibilitou formas de criação extensiva de bovinos e ovinos. Os Estados Unidos foi um caso paradigmático a respeito, principalmente a cidade de Chicago, ainda hoje uma das cidades mais ricas do mundo em termos de PIB (Cronon, 1992). Nessa cidade, localizada estrategicamente em uma região que se conectava com as grandes pradarias, seus rebanhos e seus cowboys, uma crescente industrialização dos processos de abate e transporte de carne concentraram capitais que impulsionaram poderosas companhias da carne e que serviram como modelos para empresas em outros lugares do mundo, como na Argentina. As empresas de carne de Chicago influenciaram modelos industriais inclusive no ramo automobilístico, pois Henry Ford se inspirou nos frigoríficos de Chicago e suas linhas de desmontagem de animais (bovinos e suínos) para elaborar o conceito de linha de montagem de carros, onde cada trabalhador desempenhava uma tarefa específica, a partir de um ritmo acelerado ditado por correias que transportavam as carcaças e assim o processo produtivo como um todo ficava mais ágil e eficiente.

Os EUA também foram pioneiros em outros processos que visavam acelerar a produção de carne e transformar a indústria da carne como um todo. Um deles foi o crescente uso de grãos na ração de bovinos mantidos em confinamento (*feedlots*) para acelerar o crescimento dos animais, e com consequências de saúde para esses animais, que são biologicamente melhor preparados para digerir capim, ou seja, alimentos com mais fibras. Outra consequência derivada da grande competitividade dos industriais da carne foi o aproveitamento de resíduos ou partes dos animais que antes não eram muito aproveitados, como cascos, pelos, peles e miúdos, o que aliado a inovações nas técnicas de conservação da carne, impulsionaram a produção de derivados de "carne" como salsicha, salame e outros embutidos (Horowitz, 2005). Dizia-se dos abatedouros de Chicago que apenas o berro dos animais não era aproveitado pela indústria (Cronon, 1992).

Esse modelo industrial de abate de animais também se espalhou mais tarde, durante o século XX, para a indústria do frango, que dependeu de outras inovações cruciais como o desenvolvimento de incubadoras (Rude, 2016). Alguns poucos países citados foram adotando esse modelo industrial de abate, que encontrava ainda uma série de gargalos relacionados ao processo de produção no campo, onde ainda imperavam métodos tradicionais de engorda, e que limitavam em alguma medida o ritmo geral da indústria da carne. A indústria da carne teve poderosos estímulos com as duas guerras mundiais, no sentido de fornecer carne para os soldados durante o conflito, mas também sofreu grandes oscilações relacionados as crises econômicas.

Todos esses desenvolvimentos do processo de industrialização do abate tiveram impactos mais localizados, restritos a alguns países ou regiões do mundo. Mas foi principalmente com a disseminação das técnicas da pecuária industrial, ou seja, com as técnicas industriais de criação de animais (ver Capítulo 6), em geral, após a Segunda Guerra Mundial e em paralelo a Revolução Verde, que os níveis globais de produção de carne atingiram patamares bastante elevados e onde uma verdadeira carnivorização da alimentação em muitas partes do mundo pode ser claramente identificada. Segundo os dados da FAO e apesar do crescimento demográfico inédito do século XX, o consumo mundial *per capita* de carne (excluindo peixe e frutos do mar[14]) passou de 22,9 kg em 1961 para 42,8 kg em 2021 (FAO, 2023a). Esses dados são, portanto, uma média geral e escondem grandes desigualdades no consumo, pois grande parte da África praticamente não experimentou a Revolução Verde e muitos países da Ásia, com culturas vegetarianas (Índia) ou grandes densidades demográficas, não tiveram condições ou incentivos para acompanhar o mesmo ritmo de aumento de consumo de carne do que a Europa ou as Américas (Weis, 2013b; FAO, 2023b).

Nesse cenário, o Brasil, como um dos grandes protagonistas mundiais de produtos primários da Revolução Verde e da indústria da carne (Klein; Luna, 2023), tornou-se um dos países com mais alto consumo de carne *per capita* no mundo (Quadro 5). Essa realidade é um indicador de como a indústria da carne foi capaz de influenciar historicamente os hábitos alimentares da população, e não meramente atender uma demanda, e, ao mesmo tempo, de como historicamente o aumento da renda após um certo patamar deixou de ser algo vinculado ao aumento do consumo de carne, como ficou claro pelo exemplo dos países europeus.

Quadro 5 – Suprimento de carne *per capita* em 2021

| Posição | País/Área | Kg |
|---|---|---|
| 1º | Hong Kong | 146,85 |
| 2º | Estados Unidos | 126,83 |
| 3º | Nauru | 125,64 |

---

[14] "Frutos do mar", apesar do seu uso corrente no senso comum, é uma expressão muito simplista e por vezes enganadora e que não dá conta da complexidade dos seres que vivem nos mares e oceanos, pois simplifica num conceito único seres muito díspares como mamíferos, peixes, crustáceos, moluscos e algas.

| Posição | País/Área | Kg |
|---|---|---|
| 4º | Mongólia | 115,55 |
| 5º | Argentina | 115,48 |
| 6º | Bahamas | 111,90 |
| 7º | Austrália | 110,15 |
| 8º | São Vicente e Granadinas | 109,46 |
| 9º | Macau | 108,95 |
| 10º | Israel | 107,70 |
| 13º | Brasil | 98,84 |
| 75º | China | 62,75 |
| 181º | Índia | 5,69 |
| - | Média Mundial | 42,85 |
| - | Média (África) | 17,78 |
| - | Média (União Europeia) | 80,16 |

Obs.: esses dados da FAO excluem peixe e frutos do mar. Os números não corrigem o desperdício que ocorre no local de consumo, pelo que podem não refletir diretamente a quantidade de alimentos finalmente consumidos por um determinado indivíduo.
Fonte: Elaboração própria a partir dos dados da FAO. Food and Agriculture Organization of the United Nations (2023b) – with major processing by Our World in Data.

Esses dados de suprimento de carne da FAO são obtidos com o valor total da produção menos as exportações e dividindo-se pela população do país. Infelizmente, os dados não incluem peixes e frutos do mar, o que colabora para uma certa limitação na análise. Outra questão a ser considerada na análise desses dados é que não é possível determinar com exatidão quanto dessa carne é simplesmente desperdiçada em açougues, supermercados, restaurantes e cozinhas, ou seja, quanto é de fato consumido. Mesmo considerando essas limitações, ainda assim é útil observar esses dados e poder fazer algumas comparações. O Brasil é o 13º maior país ou área consumidor de carne *per capita* do mundo e bem à frente da média da União Europeia. Isso mostra que um alto consumo de carne não está correlacionado à renda *per capita*, que é bem mais alta nos países europeus e nem mesmo a índices como a expectativa de vida, em que o Brasil ocupa a 124ª posição (Human Mortality Database, 2023). No caso do Brasil, o suprimento *per capita* de carne aumentou de 27 kg em 1961 para 98 kg em 2021 — portanto, mais do que triplicando. A Índia e a China foram incluídas no quadro, pois suas grandes populações e sua variação no consumo de carne determinam grandes pressões sobre os animais e o meio ambiente em escala global. Na China, por exemplo, o suprimento *per capita* de carne aumentou de 3,35 kg em 1961 para 62 kg em 2021.

Essa enorme expansão do consumo de carne foi possível pelo grande *superavit* na produção de cereais com as técnicas agrícolas modernas da Revolução Verde e no barateamento da produção de cereais e nas técnicas envolvidas no confinamento de animais, como os antibióticos, por exemplo. Todo esse processo de desenvolvimento agrícola foi acompanhado de uma migração massiva para as cidades — pois eram técnicas que geravam poucos empregos no campo —, onde o crescimento industrial e do setor de serviços aumentaram a renda *per capita*, gerando uma sociedade de consumo que poderia dispor de mais dinheiro para comprar mais carne. Essas sociedades afluentes e consumistas que se desenvolveram em diferentes graus em diversas partes do mundo desenvolvido e em desenvolvimento não ficaram focadas apenas em carros, roupas e eletrodomésticos, mas também nos hábitos alimentares, cada vez mais centrados em alimentos industrializados, como pizzas, biscoitos, chocolates, doces, óleos vegetais, massas e carnes processadas, como presunto, hambúrguer e embutidos.

Claramente, a afluência de muitos países e camadas sociais após os anos 1960 em diferentes países produziu excessos no consumo de bens materiais, incluindo de comida, especialmente de alimentos altamente calóricos. Houve uma verdadeira transição nutricional em direção a um consumo aumentado não só de carne, mas de açúcar, sódio, carboidratos refinados e gordura (frituras, por exemplo), aliados à diminuição geral do nível de atividade física proporcionado pela mecanização dos transportes, da indústria e dos serviços, com consequências negativas de todo tipo para a saúde da população. Doenças como diabetes, câncer e problemas do coração chegaram a níveis históricos sem precedentes, apesar do aumento da expectativa de vida, que ocorreu principalmente graças à diminuição da mortalidade infantil e por doenças infectocontagiosas.

A carnivorização da alimentação mundial é um dos componentes da nova alimentação industrializada, cuja manifestação icônica são os *fast foods* e suas redes de lanchonetes. As consequências exatas dessas transformações alimentares ainda são debatidas pelos cientistas, e certas mudanças de paradigmas na jovem ciência de nutrição ainda vieram ocorrendo na segunda metade do século XX. Mas as pesquisas nas décadas mais recentes vêm sem se tornando mais robustas, no sentido de envolverem técnicas mais refinadas e números maiores de participantes. A Comissão EAT – Lancet, composta de 36 cientistas de renome na área alimentar, embora sem demonstrar compromisso com os direitos dos animais, apenas com o bem-estar animal, recomendou uma diminuição em mais de 50% no consumo global de carne vermelha até 2050, considerando aspectos de saúde e do meio ambiente (Willett *et al.*, 2019, p. 448). Esses cientistas revisaram uma série de estudos na área de nutrição que apontam para as ligações entre o consumo de alimentos e doenças. Baseados na revisão desses estudos, a comissão de cientistas considerou que uma alimentação que promove o baixo risco das principais doenças crônicas e o bem-estar geral das pessoas tem as seguintes características:

> (1) fontes de proteína principalmente de plantas, incluindo alimentos de soja, outras leguminosas e nozes, peixe ou fontes alternativas de ácidos graxos ômega-3, várias vezes por semana, com consumo modesto opcional de aves e ovos, e baixo consumo de carne vermelha, se houver, especialmente carne processada; (2) gordura proveniente principalmente de fontes vegetais insaturadas, com baixa ingestão de gorduras saturadas e sem óleos parcialmente hidrogenados; (3) carboidratos provenientes principalmente de grãos integrais com baixa ingestão de grãos refinados e menos de 5% da energia proveniente de açúcar; (4) pelo menos cinco porções de frutas e vegetais por dia, excluindo batatas; e (5) consumo moderado de laticínios como opção (Willett *et al.*, 2019, p. 459).

Com base na revisão de literatura desses especialistas, uma alimentação saudável significa, portanto, baixo ou nenhum consumo de carne vermelha, especialmente carne processada, que foi classificada no grau carcinogênico 1, o mais alto, pela Agência Internacional para Pesquisa em Câncer, enquanto a carne vermelha não processada ficou no grau carcinogênico 2 (Willett *et al.*, 2019, p. 455). Em termos numéricos, segundo o artigo da comissão, isso significa um consumo de carne vermelha (porco, boi e ovelha) na faixa de zero até o máximo de 28 gramas por dia, enquanto o consumo de aves (frango e outras) está na faixa de zero até o máximo de 58 gramas por dia (Willett *et al.*, 2019, p. 451). Isso equivale a um limite máximo de 10 kg de carne vermelha por ano e cerca de 21kg de carne de frango anuais. Esses números de recomendações alimentares baseados em ciência contrastam grandemente com os níveis de consumo de carne existentes de fato em vários países do mundo desenvolvido e em desenvolvimento, onde esse limite já foi ultrapassado em muito (ver Quadro 5).[15] Apesar do artigo da comissão ter sido publicado em 2019 e considerando o poderoso *lobby* político da indústria da carne, não se percebe o esforço governamental no Brasil e em outros países no sentido de promover políticas e incentivos para atender essas recomendações nutricionais e diminuir o consumo de carne da população. Isso sem falar, obviamente, que os direitos dos animais sequer passam ainda pelo horizonte político da maioria dos países e grupos sociais, em que pese os esforços que têm sido feitos.

Uma das manifestações mais visíveis da transição nutricional e de padrões de atividade física em direção ás dietas industrializadas é o aumento do índice de sobrepeso (IMC maior do que 25) e obesidade (IMC superior a 30) em todos os países, incluindo na África (Popkin, 2009). Antes mais restrita aos países ricos e sinal de afluência, nas últimas três décadas, a obesidade é um fenômeno predominante de países de renda média e baixa, como na América Latina, o que se agrava considerando o menor nível de renda e escolaridade da população e sua menor capacidade de escolher conscientemente o que vai comer. Além disso, nesse mesmo contexto, vem ocorrendo o crescimento do número de crianças e adolescentes obesos, enquanto vem diminuindo o número de pessoas com peso abaixo do ideal (Phelps *et al.*, 2024).

No Brasil, por exemplo, em 1990, 11,9 % da população adulta feminina e 5,9% da masculina eram obesos, enquanto em 2022 esses índices chegaram a 32,6% e 25% respectivamente. O número de crianças e adolescentes obesos no país também aumentou consideravelmente no mesmo período (NCD, 2024). Essa transição nutricional é certamente multifacetada, mas a moderna indústria da carne (carnes, ovos e laticínios) e a carnivorização da alimentação tiveram um papel-chave nesse processo (Ablard, 2021). A epidemia mundial de obesidade vai muito além de questões de imagem corporal ou gordofobia, como parecem sugerir certos debates simplistas (Pluckrose; Lindsay, 2021)[16]. Essa é

---

[15] Para os cuidados metodológicos e limitações envolvidos nas comparações entre estatísticas de consumo de carne, ver Smil (2013).

[16] Pluckrose e Lindsay (2021), no capítulo 7 do livro, mostram como o debate sobre gordofobia normalmente está centrado em uma ideologia identitária e, portanto, não tem um compromisso central com a ciência.

uma questão que precisa ser enfrentada como um problema real e não meramente imaginário, sem preconceitos, e considerando os custos individuais e coletivos, que apontam inclusive para cenários futuros de despesas altas e crescentes em sistemas de saúde mundo a fora envolvido em tratamentos dos doentes.

## 7.2 Impactos ambientais: desmatamento e aquecimento global

Diversos estudos publicados nas últimas décadas têm mostrado os imensos impactos ambientais provocados pela pecuária, tanto extensiva quanto intensiva. Dado o enorme crescimento do consumo de carne, dos rebanhos de modo geral e da população humana desde a Segunda Guerra Mundial, não é difícil compreender os grandes impactos ambientais ocasionados pela pecuária, que já teve o seu papel para o desenvolvimento da civilização, como vimos no Capítulo 3, mas hoje é basicamente uma atividade humana completamente dispensável e que representa um entrave ao progresso da humanidade. Enquanto no passado os animais cumpriam um papel econômico ao servir como força motriz para muitas atividades cruciais, ainda que às custas de enorme sofrimento para eles, principalmente a partir do século XX, a força dos animais deixou de ser relevante e foi substituída por máquinas. O único papel que sobrou para a pecuária seria prover proteínas para a humanidade ou, melhor dizendo, prover proteínas de uma forma ineficiente em termos energéticos e ambientais, gerando desmatamento, perda de biodiversidade, amplificando as emissões dos gases de efeito estufa e justificando politicamente a existência de imensos latifúndios.

Os estudos existem as centenas em revistas acadêmicas conceituadas, mas os mitos sobre a pecuária e sobre a proteína animal continuam a proliferar. A indústria da carne se organiza em associações de proteína animal, como a ABPA[17], por exemplo, reforçando a ideia que ainda paira no senso comum de que a proteína animal seria essencial ou de que a proteína vegetal seria de segunda qualidade. Se assim fosse, não existiriam atletas veganos de destaque, pois a proteína vegetal seria insuficiente para esses indivíduos que têm necessidades especiais de proteína para manter um alto desempenho (Rubim, 2024).[18]

---

[17] Associação Brasileira de Proteína Animal (ABPA).
[18] Para uma revisão de literatura científica a respeito do tema: Vitale e Hueglin (2021). Essa questão já recebeu alguma atenção no Capítulo 3.

Em relação aos mitos dos impactos ambientais, com frequência ouvimos sobre os impactos da soja, como se esta na sua maior parte não fosse utilizada para alimentar rebanhos e como se o impacto ambiental da soja fosse superior ao impacto da pecuária bovina extensiva. Um completo disparate, mas que infelizmente ainda é repetido por muitos. Com frequência, são divulgadas imagens de monoculturas onde máquinas espalham agrotóxicos ou grupos de colheitadeiras trabalhando em conjunto em imensas paisagens monótonas de lavouras. Sob o impacto visual dessas imagens, perdem-se na mente popular e mesmo de alguns especialistas as noções mais detalhadas de como diferentes tipos de alimentos (animais ou vegetais) têm graus de impactos ambientais muito diferentes entre si e que ainda variam a depender da sua localização geográfica e das técnicas de cultivo empregadas.[19]

A pecuária bovina é um caso importante a ser analisado e, pode-se argumentar, a mais prejudicial de todas em termos ambientais hoje e historicamente. Muito já se falou na formidável capacidade dos bovinos e dos ruminantes de modo geral, em digerir fibras que nós humanos não podemos digerir, ou seja, da capacidade de transformar grama em carne. Mas o que raramente se admite nos debates ambientais, é que a maior parte dos locais utilizados pela pecuária bovina extensiva, também é capaz de sustentar lavouras de cereais, frutíferas, castanhas ou como locais para reflorestamento, no sentido tanto de preservação ambiental, como reserva de lenha, celulose ou fixação de carbono.

Assim, apesar de todo o avanço tecnológico que ocorreu no setor da pecuária bovina brasileira no último século, com a introdução e melhoramento genético do rebanho (introdução do gado zebu, por exemplo) e das pastagens plantadas, e todo o investimento público e privado que acompanhou esse processo e ainda a mais recente introdução dos *feedlots* e seu aporte de cereais em várias regiões do país, a média do rebanho brasileiro continua em 1,36 cabeça por hectare (Klein; Luna, 2023, p. 429). Como os bois são abatidos em média aos 36 meses de idade e rendem em média 250 kg de carne por indivíduo, isso significa que a média anual de produção de carne por indivíduo é de cerca 83 kg (Brazil [...], 2023; Abiec,

---

[19] Veja-se, por exemplo, uma cobertura da imprensa sobre o papel da pecuária e da soja para o desmatamento da Amazônia, como se a soja não fizesse parte do ciclo da pecuária mundial, e não percebendo as enormes diferenças em termos de uso da terra e desmatamento entre um setor e outro. Ou seja, não se faz a quantificação devida desses fatores (pecuária e soja) de desmatamento, passando a impressão errônea de que eles são equivalentes (Neher, 2020).

2022, p. 20). Enquanto isso, a média de produção de soja por hectare no Brasil é de 3.360 kg. Por aí já se percebe a imensa vantagem da soja como produtor de proteínas úteis para os humanos em comparação aos bovinos, lembrando-se que a soja possui cerca de 350 gramas de proteína por kg do grão, enquanto a carne bovina crua fica em 200-250 gramas de proteína por kg. Além do mais, tipicamente no Brasil, como a soja precisa de no máximo 6 meses para todo o ciclo de cultivo, a depender das cultivares, existe o plantio do milho na mesma área, com um ciclo de menos de 4 meses de cultivo e uma produtividade média no país de 5.580 kg por hectare (Klein; Luna, 2022, p. 9). Ou seja, na mesma área, tipicamente no Brasil se produz soja e milho, num total de 1.600 kg anuais de proteína por hectare, em comparação com apenas 28 kg de proteína anual oriunda de bovinos, se a mesma área fosse transformada em espaço de produção bovina, com as médias atuais.[20]

Com razão, aponta-se que a produção de cereais utiliza muitos agroquímicos (agrotóxicos e fertilizantes), mas mesmo que o sistema de cultivo adotado fosse orgânico, sem a utilização desses produtos, por exemplo, e assumindo que a produtividade média caísse pela metade, ainda assim a produção de proteínas da rotação soja e milho é muito superior à média da produção bovina brasileira. Além disso, é preciso lembrar que vem aumentando nos últimos anos o aporte de ração com cereais, principalmente nos *feedlots* (confinamentos), pois muitos animais são enviados previamente para esses *feedlots* para engordar, antes de serem encaminhados para os frigoríficos. 14% dos bovinos são enviados para os *feedlots* no Brasil (Klein; Luna, 2023, p. 430). Ainda, se a rotação da soja com o milho fosse destinada apenas à soja ou apenas ao milho, com o restante do ano em pousio para a recuperação da microbiota do solo, mesmo assim, em qualquer cenário, há uma grande vantagem da proteína produzida por essas lavouras.

Talvez, a única justificativa para a loucura da produção bovina no Brasil seja a sempre lembrada superioridade da proteína animal em relação à proteína vegetal, mas se isso não chega a ser tecnicamente falso, chega a ser na prática desprezível, considerando como as proteínas vegetais se adequam ao crescimento acelerado de suínos, aves e bovinos no país e aos

---

[20] Assumindo um valor médio conservador de proteína para o milho em grão de 80 gramas de proteína por kg do grão e 350 gramas de proteína por kg do grão de soja. Assumindo um valor alto de rendimento da carne bovina em 250 gramas de proteína por kg de carne crua. Como o rendimento é de 83 kg de carne bovina por ano para cada bovino na média no Brasil, isso se traduz em 112 kg de carne por hectare, ou 28 kg de proteína anuais.

incontáveis estudos com vegetarianos e veganos mundo a fora, incluindo atletas, ou seja, indivíduos excepcionalmente exigentes em termos de proteína de alta qualidade (Vitale; Hueglin, 2021). Diversos estudos também apontam para a extremamente elevada pegada de carbono da carne bovina, um animal ruminante e, portanto, um alto emissor de metano, em comparação a outras carnes ou a outros alimentos de origem vegetal (Tilman; Clark, 2014).

A loucura da produção bovina no Brasil se torna ainda mais insana quando pensamos que os biomas de florestas tropicais brasileiros, que concentram grande parte de toda a diversidade biológica do planeta, vêm sendo desmatados e convertidos sistematicamente em pastagens. Na Amazônia, por exemplo, em 2023, o MapBiomas apresentou um levantamento inédito a partir de imagens de satélite compreendidas no período 1985 a 2022, englobando todos os países onde está presente o bioma, e concluiu que:

> O levantamento mostra que dos 86 milhões de hectares de vegetação natural eliminados no território analisado, 84 milhões foram convertidos em áreas agropecuárias e de silvicultura, com destaque para pastagem, que ocupa 66,5 milhões de hectares da área devastada entre 1985 e 2022 – ou 77% da área transformada. [...] As imagens de satélite mostram claramente que a conversão de florestas em pastagens e outros usos é mais forte no Brasil – notadamente no Arco do Desmatamento, que vai do Pará ao Acre, passando por Mato Grosso e Rondônia e entrando pelo sul do estado do Amazonas. (Pecuária [...], 2024).

Não fica a dúvida de que o maior impulsionador do desmatamento da Amazônia, o maior reservatório mundial de biodiversidade, vem sendo nas últimas décadas a pecuária bovina, que produz uma quantidade pequena de proteínas ou calorias nessas áreas desmatadas, como já vimos. Ou seja, destrói um patrimônio mundial e entrega no final do processo sofrimento animal e uma quantidade pequena de comida em comparação ao impacto causado. Na comparação com a soja, por exemplo, enquanto as pastagens ocupavam 57 milhões de hectares do bioma Amazônia no Brasil, a soja ocupava 10% disso ou 5,7 milhões de hectares do bioma no país (MapBiomas, 2024). Com o aperfeiçoamento das imagens de satélite nas últimas décadas, cada vez mais detalhadas, confiáveis e com melhor resolução, fica mais fácil de monitorar a extensão desse dano causado pela pecuária não só no bioma Amazônia, mas também nos demais biomas brasileiros. Especialmente útil é o monitoramento das queimadas, que, motivadas principalmente pela prática de manter e expandir pastagens, engolem milhares de hectares todos anos dos biomas brasileiros, com consequências sérias para a biodiversidade, o bem-estar animal da fauna nativa, a liberação de $CO_2$ e a própria qualidade do ar em muitas cidades brasileiras, agravando problemas respiratórios da população. Somente em janeiro de 2024, segundo o monitoramento do MapBiomas, mais de um milhão de hectares foram queimados, o que equivale a mais ou menos metade da área de Sergipe (Área [...], 2024).

Outro bioma extremamente importante para o Brasil e o mundo é a Mata Atlântica, uma vasta área tropical composta de diferentes fitofisionomias, principalmente de exuberantes florestas tropicais e subtropicais, e que teve um passado de intensas e importantes interações culturais com indígenas, africanos e europeus (Dean, 1996; Cabral, 2014; Costa, 2022). Na Mata Atlântica, a área ocupada por pastagens, isto é, por um sistema extremamente ineficiente de produzir alimentos, era de 39 milhões de hectares (35% da área do bioma), em 1985, e diminuiu para 29,5 milhões, em 2022 (MapBiomas, 2024). No Quadro 6, a seguir, é possível verificar os imensos espaços ocupados pelas pastagens em todos os biomas do país.

Quadro 6 – Área classificada como "pastagem" no Brasil pelo Map Biomas (1985 e 2022 – milhões de hectares)

| Biomas | 1985 (% da área do bioma) | 2022 (% da área do bioma) |
|---|---|---|
| Amazônia | 13,73 (3,2%) | 57,74 (13,6%) |
| Caatinga | 15,17 (17,5%) | 23,45 (27,1%) |
| Cerrado | 34,11 (17,1%) | 51,36 (25,8%) |
| Mata Atlântica | 39,18 (35,4%) | 29,53 (26,6%) |
| Pampa | 0 | 0 |
| Pantanal | 0,75 (5%) | 2,24 (14,8%) |
| Brasil (total) | 102,94 (12%) | 164,32 (19,2%) |

Fonte: elaboração própria a partir dos dados do MapBiomas (2024)

É preciso alertar que esses dados não incluem de fato todas as áreas ocupadas pela pecuária, pois campos naturais e áreas de mosaicos, com sobreposição de uso, não puderam ser contabilizados, principalmente nos biomas Pampa e Pantanal (Pastagens [...], 2024). Mas de qualquer maneira apresentam um panorama útil para entender que a pecuária ocupa no mínimo, com suas pastagens, 164 milhões de hectares ou 19 % da área do país, sem contabilizar aqui obviamente todas as áreas de lavouras que existem para servir de ração para animais.

Por meio desses dados do Quadro 6, é uma grande ironia perceber que a pecuária ocupa somente em pastagens uma área imensa equivalente ao Irã, o 17º maior país do mundo em extensão territorial, enquanto muitas pessoas lutam e se endividam durante anos para garantir alguns poucos metros quadrados nas cidades, talvez algum espaço para um jardim ou uma horta, enquanto os pecuaristas, amparados por uma legislação tolerante ao latifúndio, podem se dar ao luxo de desperdiçar enormes áreas dos preciosos biomas do país, entregando pouquíssima comida e causando muitos estragos no meio ambiente. Uma outra forma de fazer ideia desses números, somente as pastagens no bioma Amazônia ocupam uma área equivalente ao Estado de Minas Gerais, que possui 58 milhões de hectares.

Nos demais biomas brasileiros, conforme se vê no Quadro 6, em menor ou maior grau, repete-se a tragédia que ocorre na Amazônia. As pastagens principalmente para os bovinos "ocupam", ou seja, são responsáveis pelo desmatamento ou pela não regeneração florestal natural de imensas áreas, pois o boi pisoteia e destrói a vegetação nativa que tende a crescer espontaneamente, causa assoreamento de rios e erosão de encostas. Além de ocuparem imensas áreas que poderiam ser revertidas para a regeneração florestal, reserva de lenha, celulose ou convertidas em sistemas de cultivos com plantas adaptadas ou típicas de cada um dos biomas, os bovinos ainda consomem prodigiosas quantidades de cereais úteis aos humanos em forma de ração, não só nos estágios finais (3 a 4 meses) de engorda em *feedlots* (confinamentos) espalhados pelo país, mas também no imenso rebanho leiteiro existente.[21]

Os bovinos certamente fizeram parte da história do Brasil e foram importantes em vários ciclos econômicos e processos de povoamento, em épocas em que ter um animal que consegue se cuidar sozinho era

---

[21] Para se ter uma dimensão visual desses confinamentos (*feedlots*) e das práticas de alimentação e manejo dos animais que ocorrem, ver Giro do Boi (2024).

uma vantagem, em contextos de escassez de mão de obra e tecnologia para desempenhar várias atividades. Mas no novo contexto tecnológico, populacional e nutricional que emerge a partir da modernização agrícola, é possível argumentar que a produção bovina se converte em fator contraditório ao desenvolvimento do país, pois se ao mesmo tempo vem gerando dólares para alguns setores, também causa imensos danos ambientais injustificáveis, cuja conta em forma de oportunidades econômicas futuras a serem desperdiçadas ou prejuízos que terão que ser bancados nas próximas décadas em forma de desmatamento, perda de solo, assoreamento de rios e enchentes, mudanças climáticas e perda da biodiversidade. Por tudo isso, em termos estritamente ambientais, não seria um exagero afirmar que o Brasil deveria ter um plano para extinguir a pecuária bovina.

Frangos e suínos conseguem converter cereais em carne com menos desperdício, em comparação aos bovinos, mas ainda assim com uma larga e injustificável margem de ineficiência energética, além de terem vidas miseráveis nas granjas industriais, com uma qualidade de vida bem inferior aos bovinos. Na prática, consomem mais alimentos úteis para os humanos (em forma de milho e soja) do que produzem, seja medindo-se em calorias ou proteínas. Mesmo que a lógica fosse oposta, ou seja, que as lavouras fossem mais custosas energética e ambientalmente do que a produção animal, ainda seria defensável produzir lavouras considerando o peso da questão do bem-estar animal, se quisermos uma avaliação completa ou holística da questão.

Enquanto isso, apesar de muitos críticos enfatizarem o papel da soja para o desmatamento dos biomas, perde-se a noção de que 76% da soja produzida mundialmente é utilizada para alimentação animal. Ou seja, a maior parte das lavouras de soja no mundo só existem por causa da pecuária e, portanto, antes de serem vistas como um fator de desmatamento, devem ser enquadradas primeiramente como um componente ou subsistema da pecuária.

Figura 10 – Usos da soja no mundo, 2017-2019 (alimentação humana, animal e indústria)

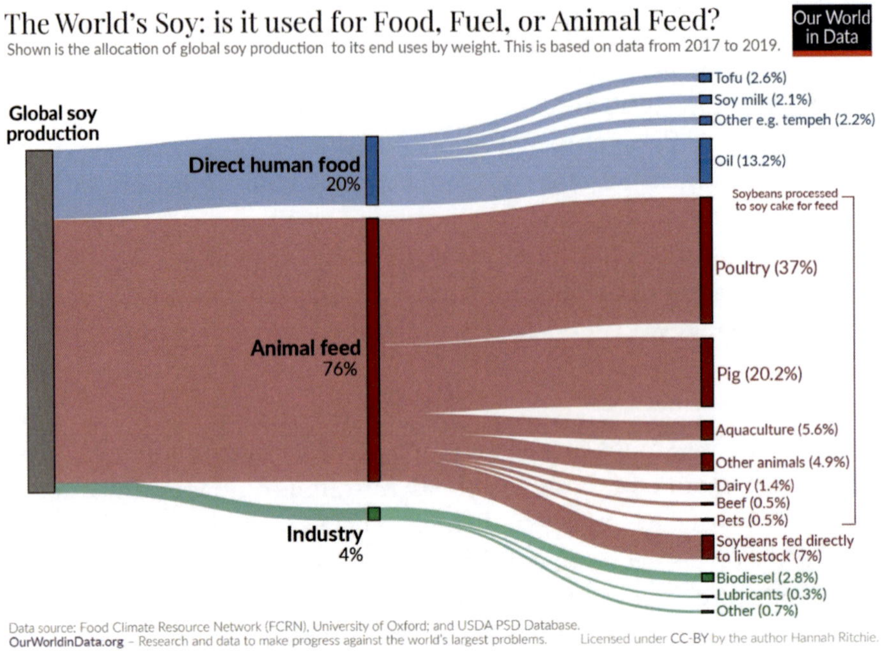

## The World's Soy: is it used for Food, Fuel, or Animal Feed?
Shown is the allocation of global soy production to its end uses by weight. This is based on data from 2017 to 2019.

Global soy production

- Direct human food 20%
  - Tofu (2.6%)
  - Soy milk (2.1%)
  - Other e.g. tempeh (2.2%)
  - Oil (13.2%)
- Animal feed 76% (Soybeans processed to soy cake for feed)
  - Poultry (37%)
  - Pig (20.2%)
  - Aquaculture (5.6%)
  - Other animals (4.9%)
  - Dairy (1.4%)
  - Beef (0.5%)
  - Pets (0.5%)
  - Soybeans fed directly to livestock (7%)
- Industry 4%
  - Biodiesel (2.8%)
  - Lubricants (0.3%)
  - Other (0.7%)

Data source: Food Climate Resource Network (FCRN), University of Oxford; and USDA PSD Database.
OurWorldinData.org – Research and data to make progress against the world's largest problems. Licensed under CC-BY by the author Hannah Ritchie.

Fonte: https://ourworldindata.org/drivers-of-deforestation#is-our-appetite-for-soy-driving-deforestation-in-the-amazon. Acesso em: 23 maio 2024

Como se vê pela imagem anterior, apenas 20% da produção mundial de soja vai diretamente para a alimentação humana, na maioria em forma de óleo vegetal (13%). Isso não quer dizer que a soja e qualquer outra lavoura também não tenham o seu impacto sobre os biomas, mas que por kg de proteína ou kcal produzidas é uma opção muito mais vantajosa do que todas as formas de pecuária (bovina, suína, avícola ou aquicultura). Todas as formas de produzir alimento têm algum impacto ambiental, a questão é saber escolher as melhores opções, considerando a tecnologia disponível e o contexto econômico e social.

As opções baseadas em peixes e outros animais aquáticos também não são vantajosas do ponto de vista ambiental, pois muitos sistemas intensivos de aquicultura também se fundamentam em rações a base de soja e, portanto, desperdiçam grande parte da energia dos cereais. Em relação aos peixes simplesmente capturados em oceanos e rios, a tecnologia e a demanda dos séculos XX e XXI, que envolveu e envolve grandes barcos-frigoríficos de pesca, sonares, radares, imensas redes de nylon, esgotaram a maioria das reservas de peixes, colocando em perigo de extinção várias espécies e encerrando a indústria pesqueira em várias localidades do mundo. Nesse contexto, a baleia é simplesmente um animal marinho icônico de como a pesca desenfreada e com tecnologia industrial é capaz de exaurir as populações da fauna dos oceanos (Muscolino, 2012).

Outra forma de abordar os impactos ambientais da pecuária é avaliar as emissões de gases de efeito estufa, como o dióxido de carbono, o metano e o óxido nitroso. No cômputo geral, os animais ruminantes (bois, ovelhas, cabras) são os mais danosos por unidade de proteína ou de energia entregue ao consumidor, em seguida outros produtos cárneos, leite e ovos, sendo que os alimentos vegetais são os menos impactantes (Tilman; Clark, 2014; Fresán; Sabaté, 2019). Além dessa quantificação, é preciso ainda considerar o conceito de custo de oportunidade de carbono. Ou seja, se as áreas ocupadas em pastagens ou lavouras destinadas à ração fossem convertidas em florestas, seja pela regeneração natural ao impedir a presença do gado ou pelo plantio de árvores nativas ou exóticas, poderia ser capturada uma imensa quantidade de carbono da atmosfera em poucas décadas, a ponto de reverter parcialmente o aumento da temperatura global (Eisen; Brown, 2022). Segundo Hayek *et al.* (2021), em artigo publicado na *Nature Sustainability*, com a adoção generalizada de uma alimentação vegana seria possível sequestrar uma quantidade significativa de carbono nas próximas décadas (entre 332-547 GtCO2 até 2050) e limitar o aumento da temperatura prevista para o século XXI. O Brasil e outras regiões tropicais da América Latina em particular teriam um grande potencial de sequestro de carbono nesse cenário e, de acordo com os cálculos e análises apresentados pelos autores, seriam uma das regiões do mundo com o maior potencial de mitigação climática via adoção de alimentação vegana (Hayek *et al.*, 2021, p. 23).

O volume de estudos bem conduzidos nas últimas décadas e as várias meta-análises disponíveis não deixam dúvida sobre o potencial que a dieta vegana ou vegetariana tem para diminuir os impactos ambientais oriundos da produção de alimentos. Não só no Brasil, mas numa abordagem global, a adoção da alimentação vegana pela população é um fator-chave para diminuir a pressão humana sobre a natureza e assim evitar atingir os limites planetários de uso dos recursos naturais, economizando áreas agrícolas, combustíveis fósseis, diminuindo o uso de água potável e de gases do efeito estufa (Ritchie, 2021)

Figura 11 – Linha do tempo: história da relação entre humanos e animais

**Linha do Tempo - História das relações entre humanos e animais**

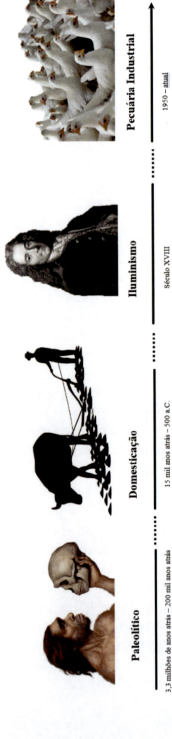

Fonte: elaborada pelo autor (2024)

## Algumas sugestões de filmes e músicas

Já que visitar granjas e abatedouros é muito difícil, pelas restrições a visitas, existem filmes (alguns promocionais da própria indústria) e outros por ONGs de proteção animal. O espectador deve manter o seu senso crítico em relação às imagens e aos dados apresentados e saber entender os jogos de poder envolvidos, mas sem cair no cinismo de acreditar que não existem os interesses dos animais nessa questão.

Essa não é uma lista exaustiva de filmes e músicas envolvendo a história do relacionamento com os animais, pois a temática é obviamente imensa e está além das possibilidades desse livro. A lista a seguir se constitui apenas em alguns exemplos conhecidos por esse autor, como possibilidades de trabalho em diferentes contextos educativos, inclusive como estímulo inicial para aprofundamento sobre a relação entre animais e filmes/músicas. Acrescentei alguns comentários para convidar o leitor a experimentar e utilizar. Muitos estão disponíveis no YouTube ou em outras plataformas de *streaming* como Netflix. É preciso lembrar também que nem sempre a informação apresentada nos filmes corresponde aos melhores padrões de rigor científico ou acadêmico. Alguns não são adequados para menores de idade.

### FILMES

*A carne é fraca* (2005) – filme brasileiro pioneiro e ainda um material de referência importante, contendo discussões sobre os impactos da pecuária na economia, no meio ambiente, na alimentação e nos animais, com imagens fortes de cenas de violência.

*Armas, germes e aço (Episódio 1 – saindo do jardim do éden)* (2005) – baseado no livro homônimo de Jared Diamond, é um documentário apresentado pelo próprio autor e contém muitas informações importantes sobre a origem da agricultura e da pecuária e sua importância para o desenvolvimento e história posteriores das civilizações.

*Carne e osso* (2011) – centrado nas condições de trabalho nos frigoríficos no Brasil, com alta rotatividade da mão de obra, jornadas exaustivas e propensas a acidentes e lesões por esforço repetitivo.

*Cowspiracy* (2014) – discute os impactos da pecuária no meio ambiente, especialmente no que se refere às mudanças climáticas.

*Dominion* (2018) – com muitas imagens fortes mostrando contextos de criação e abate de diversas espécies de animais exploradas pelos humanos. Altamente recomendável.

*Earthlings (Terráqueos)* (2005) – filme com discussões e muitas imagens de violência contra animais em diversos contextos de utilização, como pets, pecuária, entretenimento, pesquisa científica etc.

*Forks over knives* (2011) – sobre os benefícios de adotar uma dieta vegana, considerando aspectos de saúde.

*O fantástico mundo do Dr. Kellogg* (1994) – é uma paródia sobre os métodos bizarros (aos olhos do espectador contemporâneo) de cura do Dr. John H. Kellogg, que no início do século XX tinha um sanatório nos EUA para tratar doentes. Entre os métodos de cura estava o vegetarianismo. É um filme importante para conhecer um pouco da mentalidade puritana de certos círculos intelectuais norte-americanos.

*Seaspiracy* (2021) – apresenta uma discussão interessante e relevante sobre o impacto humano, especialmente da pesca industrial, sobre a fauna dos oceanos.

*Sob a pata do boi* (2018) – documentário não vegetariano que apresenta os impactos da pecuária bovina na Amazônia brasileira, mostrando o modo de vida das comunidades e entrevistas com pessoas que dependem da pecuária.

*To live and let live* (2013) – um pouco da história do vegetarianismo e das motivações de ativistas e filósofos sobre os direitos dos animais. Discute os direitos dos animais e o vegetarianismo. Não contém imagens de violência contra os animais.

## MÚSICAS

"Animals" (Pink Floyd) – o álbum intitulado *Animals*, da banda de rock progressivo Pink Floyd, é um clássico do gênero e cada música tematiza um animal ("Pigs", "Dogs", "Sheep"), com letras e sons instrumentais interessantes fazendo referências a esses animais, como metáforas para as condições sociais britânicas, na linha de *Animal Farm*, de George Orwell.

"Apologia ao jumento" ("O jumento é nosso irmão") (Luiz Gonzaga) – um exemplo de referência ao jumento na cultura nordestina, um animal símbolo da região e muito presente no imaginário popular.

"Besta Ruana" (Tonico e Tinoco) – como muitas músicas da tradição de música caipira (sertanejo raiz), faz referências às relações com os animais de trabalho.

"Convicted in Life" (Sepultura) – o *heavy metal* da banda Sepultura, nesse clipe e música, faz referência ao inferno de Dante e à condição dos animais. Cenas de porcos abatidos e misturas entre humanos e animais aparecem no clipe.

"Cruelty Without Beauty" (Arch Enemy) – a música e o clipe musical tem como tema central imagens e palavras a respeito da violência contra animais no contexto de certas pesquisas científicas. No estilo *heavy metal*, as cenas de tortura contra os animais são misturadas a simulações de tortura com a vocalista da banda, Angela Gossow, que é vegana.

"Gritos de liberdade" (Grupo Rodeio) – como muitas músicas gaúchas (também chamadas de nativistas), faz referências aos animais, vestimentas, aos pampas, práticas de montaria e vocabulário folclórico regional.

"O carnaval dos animais" (Saint-Saëns) – no gênero clássico instrumental, cada parte da música se refere a um animal, grupo de animais, ou envolvendo até certos tipos de pianistas. Saint-Saëns tinha a intenção de produzir algo cômico com essa composição, que impressiona pela beleza e a atmosfera que o compositor consegue criar com os instrumentos musicais.

"Pedro e o lobo" (Prokoviev) – no gênero clássico modernista, com a intenção voltada para a educação musical infantil, se trata de uma obra-prima de Prokofiev, em que há a descrição musical orquestral de vários animais e personagens humanos.

"The ox cart" (Mussorgsky) – no gênero clássico, originalmente para piano, mas também com versão para orquestra, é parte da célebre composição "Quadros de uma exposição". Descreve a subjetividade do encontro com uma pintura numa exposição, no caso, referente a um carro de boi. Como o carro de boi, a música prossegue lenta, pesada e sofridamente.

# REFERÊNCIAS

ABLARD, Jonathan D. Framing the Latin American nutrition transition in a historical perspective, 1850 to the present. *História, Ciências, Saúde* – Manguinhos, Rio de Janeiro, v. 28, n. 1, jan./mar. 2021, p. 233-253.

ABIEC (Brazilian Beef Exports Association). Beef Report: Overview of Livestock in Brazil, 2022. Disponível em: https://www.abiec.com.br/wp-content/uploads/Beef-Report-2022_INGLES_Em-baixa.pdf. Acesso em: 20 maio 2024.

ADAMO, Shelley A. Is it pain if it does not hurt? On the unlikelihood of insect pain. *Canadian Entomologist*, [s. l.], v. 151, n. 6, p. 685-695, 2019.

ADAMS, Carol J. *A política sexual da carne:* uma teoria crítica feminista-vegetariana. 2. ed. São Paulo: Alaúde, 2018.

ALL PROTECTION steps taken' after BSE diagnosis. *BBC*, [s. l.], 23 out. 2018. Disponível em: https://www.bbc.com/news/uk-scotland-north-east-orkney-shetland-45954225. Acesso em: 16 maio 2024.

ALLESSANDRINI, Olinda. Pampiano. [S. l.: s. n.], 2015. 1 vídeo (2 min.). Disponível em: https://www.youtube.com/watch?v=p2UjOus39Tc&list=PLT6-Vb3dks7O-c3LADLUYElt9iJ9yWcLlz. Acesso em: 7 maio 2024.

ANDRADE, Cláudia R. de; IBIAPINA, Cássio da C.; CHAMPS, Natália Silva; TOLEDO JUNIOR, Antonio Carlos Castro de; PICININ, Isabela Furtado de Mendonça. Gripe aviária: a ameaça do século XXI. *The Brazilian Journal of Pulmonology and international databases*, [s. l.], v. 35, n. 5, p. 470-479, 2009.

ANIMAL SERIES. Reaktion Books. Disponível em: https://reaktionbooks.co.uk/series/animal. Acesso em: 29 mar. 2024.

ÁREA queimada no Brasil em janeiro aumentou 3,5 vezes em relação a 2023. *MapBiomas*, [s. l.], 2024. Disponível em: https://brasil.mapbiomas.org/2024/02/29/area-queimada-no-brasil-em-janeiro-aumentou-35-vezes-em-relacao-a-2023/. Acesso em: 20 maio 2024.

AS NORMAS de abate humanitário foram atualizadas pelo Mapa. Fique por dentro! *CRMV-PR*, [s. l.], 20 fev. 2023. Disponível em: https://www.crmv-pr.org.br/noticiasView/6047_As-normas-de-abate-humanitario-foram-atualizadas--pelo-Mapa.-Fique-por-dentro!-.html. Acesso em: 16 maio 2024.

ASSUMPÇÃO, Jorge Euzébio. *Pelotas*: escravidão e charqueadas (1780-1888). Joinville, SC: Clube de Autores, 2022.

ASSUNÇÃO, Fernando O. *Historia del Gaucho*: el gaucho, ser y quehacer. Buenos Aires: Editorial Claridad, 1999.

BARBER, Joseph. *The chicken*: a natural history. Princeton, NJ: Princeton University Press, 2018.

BEERS, Diane. *For the prevention of cruelty*: the history and legacy of animal rights activism in the United States. Athens, OH: Swallow Press, 2006.

BIRCH, Jonathan; BURN, Charlotte; SCHNELL, Alexandra; BROWNING, Heather e CRUMP, Andrew. *Review of the evidence of sentience in Cephalopod Molluscs and Decapod Crustaceans*. London: London School of Economics and Political Science Consulting, 2021. Disponível em: www.lse.ac.uk/business/consulting/reports/review-of-the-evidence-of-sentiences-in-cephalopod-molluscs-and-decapod-crustaceans. Acesso em: 29 mar. 2024.

BOUGH, Jill. *Donkey*. London: Reaktion Books, 2011.

BOWLER, Peter J.; MORUS, Iwan Rhys. *Making modern science:* a historical survey. Chicago: University of Chicago Press, 2005.

BRANDT, Marlon. *Uma história ambiental dos campos do planalto de Santa Catarina*. 2012. Tese (Doutorado em História) – Universidade Federal de Santa Catarina, Florianópolis, 2012.

BRAZIL beef slaughter increases 33% in 2023. *The Cattle Site*, [s. l.], 3 October 2023. Disponível em: https://www.thecattlesite.com/news/brazil-beef-slaughter-increases-33-in-2023. Acesso em: 20 maio 2024.

BROOM, Donald M. A history of animal welfare science. *Acta Biotheor*, [s. l.], v. 59, p. 121-137, 2011. DOI 10.1007/s10441-011-9123-3.

BULLIET, Richard. *Hunters, herders, and hamburgers:* the past and future of human-animal relationships. New York: Columbia University Press, 2007.

BYNUM, William. Uma breve história da ciência. Porto Alegre: L&PM, 2017.

CABRAL, Diogo de Carvalho. *Na presença da floresta*: Mata Atlântica e história colonial. Rio de Janeiro: Garamond/FAPERJ, 2014.

CAMPHORA, Ana Lúcia. *Animais e sociedade no Brasil dos séculos XVI a XIX*. Rio de Janeiro: Abramvet/Camphora, 2017.

CARDOSO, Fernando Henrique. *Capitalismo e escravidão no Brasil meridional*: o negro na sociedade escravocrata do Rio Grande do Sul. 5. ed. revista. Rio de Janeiro: Civilização Brasileira, 2003.

CARVALHO, Miguel Mundstock Xavier de. *História do desmatamento da Floresta com Araucária:* agropecuária, serrarias e a Lumber Company (1870-1970). São Paulo: Dialética, 2023.

CARVALHO, Miguel Mundstock Xavier de. Vegetarianismo e veganismo: a expansão rápida de uma nova filosofia alimentar no Brasil. *Revista de Alimentação e Cultura das Américas* – RACA, Brasília, v. 2, n. 2, p. 89-101, jul./dez. 2020.

COSTA, José Pedro de Oliveira. *Uma história das florestas brasileiras.* Belo Horizonte: Autêntica, 2022.

COSTA, Yamandu. Cosa de Hermanos - 2021 - Álbum Completo [Música]. [S. l.: s. n.], 2021. 1vídeo (57 min.). Disponível em: https://www.youtube.com/watch?v=tyqcQaA2WPA. Acesso em: 7 maio 2024.

CREVELD, Martin Van. *O sexo privilegiado.* Campinas, SP: Vide Editorial, 2023.

CROMWELL, G. L. ASAS centennial paper: Landmark discoveries in swine nutrition in the past century. *Journal of Animal Science,* Oxford, UK, v. 87, n. 2, p. 778-92, Feb. 2009. doi: 10.2527/jas.2008-1463.

CRONON, William. *Nature's Metropolis:* Chicago and the Great West. New York: W. W. Norton & Company: Revised edition, 1992.

CROSBY, Alfred. *Imperialismo ecológico*: a expansão biológica da Europa (900-1900). São Paulo: Companhia de Bolso, 2011.

DAVIS, Brenda; MELINA, Vesanto; BERRY, Rynn. *Becoming Raw:* the essential guide to raw vegan diets. Summertown, TN: Book Publishing Co., 2010.

DAWKINS, Richard. Postmodernism disrobed. *Nature,* London, v. 394, p. 141-143, 1998. Doi 10.1038/28089

DEAN, Warren. *A ferro e fogo*: a história e a devastação da Mata Atlântica brasileira. São Paulo: Companhia das Letras, 1996.

DEGRAZIA, David. *Animal rights*: a very short introduction. Oxford, UK: Oxford University Press, 2002.

DEGRAZIA, David. Moral Vegetarianism from a Very Broad Basis. *Journal of Moral Philosophy*, Berlin, v. 6, p. 143-165, 2009. Doi 10.1163/174552409X402313

DELFORCE, Chris. Dominion [Filme]. [*S. l.*]: Farm Transparency Project, 2018. 1 vídeo (2h). Disponível em: https://www.youtube.com/watch?v=PZO04lrg0rs. Acesso em: 15 maio 2024.

DERRY, Margaret E. *Masterminding nature*: the Breeding of Animals, 1750-2010. Toronto: University of Toronto Press, 2015.

DIAMOND, Jared. *Armas, germes e aço*: os destinos das sociedades humanas. Rio de Janeiro: Record, 2017.

DIAS, Juliana V. G. *O rigor da morte*: a construção simbólica do "Animal de Açougue" na Produção Industrial Brasileira. 2009. Dissertação (Mestrado em Antropologia Social) – UNICAMP, Campinas, 2009.

DOENÇA da vaca louca: o que se sabe sobre o caso registrado na Escócia. *BBC*, [*s. l.*], 18 abr. 2018. Disponível em: https://www.bbc.com/portuguese/internacional-45909425 Acesso em: 2 abr. 2024.

DUARTE, Regina Horta. História dos animais no Brasil: tradições culturais, historiografia e transformação. *HALAC* – Historia Ambiental, Latinoamericana y Caribeña, Anápolis, GO, v. 9, n. 2, p. 16-44, 2019. Disponível em: http://halac-solcha.org/index.php/halac. Acesso em: 17 fev. 2025.

EISEN, Michael B.; BROWN, Patrick O. Rapid global phaseout of animal agriculture has the potential to stabilize greenhouse gas levels for 30 years and offset 68 percent of CO2 emissions this century. *PLOS Clim*, v. 1, n. 2, e0000010. 2022, Doi 10.1371/journal.pclm.0000010.

ERISMAN, J., SUTTON, M., GALLOWAY, J. *et al*. How a century of ammonia synthesis changed the world. *Nature Geoscience*, London, v. 1, p. 636-639, 2008. Doi 10.1038/ngeo325.

ESPÍNDOLA, Carlos José. *As agroindústrias de Carne do Sul do Brasil*. 2002. Tese (Doutorado em Geografia) – Universidade de São Paulo (USP), São Paulo, 2002.

ESTEVES, Janaína di Lourenço. *Alimentando um Ideal de Sociedade*: a emergência do associativismo vegetariano no Brasil (1913-1930). 2024. Dissertação (Mestrado em História) – Universidade Federal do Rio de Janeiro, Rio de Janeiro, 2024.

FARM TRANSPARENCY PROJECT. Disponível em: https://www.farmtransparency.org/. Acesso em: 15 maio 2024.

FITZGERALD, Amy J. *Animals as Food:* (re)connecting production, processing, consumption, and impacts. East Lansing: Michigan State University Press, 2015.

FITZGERALD, Amy J. A Social history of the slaughterhouse: from inception to contemporary implications. *Research in Human Ecology*, [s. l.], v. 17, n. 1, 2010.

FOOD AND AGRICULTURE ORGANIZATION OF THE UNITED NATIONS (FAO) (2023) – with major processing by Our World in Data. *"Per capita* consumption of other meat – FAO" [dataset]. Food and Agriculture Organization of the United Nations, "Food Balances: Food Balances (-2013, old methodology and population)"; Food and Agriculture Organization of the United Nations, "Food Balances: Food Balances (2010-)" [original data]. https://ourworldindata.org/grapher/per-capita-meat-consumption-by-type-kilograms-per-year?country=OWID_WRL~CHN~BRA~ARG. Acesso em: 9 abr. 2024.

FOOD AND AGRICULTURE ORGANIZATION OF THE UNITED NATIONS. Livestock counts - HYDE & FAO (2017) – processed by Our World in Data. "Asses" [dataset]. Livestock counts - HYDE & FAO (2017) [original data].

FOOD AND AGRICULTURE ORGANIZATION OF THE UNITED NATIONS (2023d) – with major processing by Our World in Data. "Number of cattle – FAO" [dataset]. Food and Agriculture Organization of the United Nations, "Production: Crops and livestock products" [original data]. Retrieved May 15, 2024 from https://ourworldindata.org/grapher/cattle-livestock-count-heads

FOOD AND AGRICULTURE ORGANIZATION OF THE UNITED NATIONS (2023c) – with major processing by Our World in Data. "Number of cattle slaughtered for meat – FAO" [dataset]. Food and Agriculture Organization of the United Nations, "Production: Crops and livestock products" [original data].

FOOD AND AGRICULTURE ORGANIZATION OF THE UNITED NATIONS (2023e) – with major processing by Our World in Data. "Number of pigs – FAO" [dataset]. Food and Agriculture Organization of the United Nations, "Production: Crops and livestock products" [original data]. Retrieved May 15, 2024 from https://ourworldindata.org/grapher/pig-livestock-count-heads

FOOD AND AGRICULTURE ORGANIZATION OF THE UNITED NATIONS (2023) – with major processing by Our World in Data. "Number of poultry birds – FAO" [dataset]. Food and Agriculture Organization of the United Nations, "Production: Crops and livestock products" [original data]. Retrieved May 15, 2024 from https://ourworldindata.org/grapher/poultry-livestock-count

FOOD AND AGRICULTURE ORGANIZATION OF THE UNITED NATIONS (2023a) – with major processing by Our World in Data. "Per capita consumption of beef – FAO" [dataset]. Food and Agriculture Organization of the United Nations, "Food Balances: Food Balances (-2013, old methodology and population)"; Food and Agriculture Organization of the United Nations, "Food Balances: Food Balances (2010-)" [original data].

FOOD AND AGRICULTURE ORGANIZATION OF THE UNITED NATIONS (2023b) – with major processing by Our World in Data. "Per capita consumption of meat – FAO" [dataset]. Food and Agriculture Organization of the United Nations, "Food Balances: Food Balances (-2013, old methodology and population)"; Food and Agriculture Organization of the United Nations, "Food Balances: Food Balances (2010-)" [original data]. Retrieved May 17, 2024 from https://ourworldindata.org/grapher/meat-supply-per-person

FRANCIONE, Gary L. *Introdução aos direitos animais:* seu filho ou o cachorro? Campinas, SP: Editora da Unicamp, 2013.

FRANCIS, Richard C. *Domesticated:* evolution in a man-made world. New York: W.W. Norton & Company, 2015.

FRASER, David. *Understanding animal welfare:* the science in its cultural context. 2nd ed. Hoboken, NJ: Wiley-Blackwell, 2023.

FRESÁN, Ujué; SABATÉ, Joan. Vegetarian Diets: Planetary Health and Its Alignment with Human Health. *Advances in Nutrition*. 2019; 10(Suppl_4):S380-S388. doi:10.1093/advances/nmz019

FYNN-PAUL, Jeff. *Not Stolen:* The Truth About European Colonialism in the New World. Bombardier Books, 2023.

GENTLE, Michael J. Pain issues in poultry. *Applied Animal Behaviour Science*, Vol 135, Issue 3, 15 December 2011, p. 252-258.

GIRO DO BOI. Conheça as tecnologias que estão turbinando a eficiência da engorda do gado no cocho. [*S. l. s. n.*], 2024. 1 vídeo (7 min.). Disponível em: https://www.youtube.com/watch?v=AHuvmdf1yXo&t=478s. Acesso em: 20 maio 2024.

GOLIN, Tau. A Província Jesuítica do Paraguai, a Guerra Guaranítica e a destruição do espaço jesuítico-missioneiro. In: RADIN, José Carlos; VALENTINI, Delmir; ZARTH, Paulo A. (org.). História da fronteira sul. Chapecó – SC: Editora da UFFS, 2015. p. 73-91.

GONÇALVES, Denise. A Carne é Fraca [Filme]. [*S. l.*]: Instituto Nina Rosa, 2005. Disponível em: https://www.youtube.com/watch?v=rrFsGTw5bCw Acesso em: 13 maio 2024.

GONZAGA, Luiz. Apologia ao Jumento (O Jumento é Nosso Irmão) [Música]. [*S. l.: s. n.*], 1976. 1 vídeo (5 min.). Disponível em: https://www.youtube.com/watch?v=qjE7s2BTyOQ. Acesso em: 3 maio 2024.

GOWLETT, J. A. J. The discovery of fire by humans: a long and convoluted process. *Philosophical Transactions of the Royal Society B*: Biological Sciences, London, v. 371, n. 1696, 5 jun. 2016. Doi 10.1098/rstb.2015.0164

GRAFF, Harvey J. The "Problem" of Interdisciplinarity in Theory, Practice, and History. *Social Science History*, [*s. l.*], v. 40, n. 4, Special Issue Introduction, p. 775-803, Winter 2016.

GUT AIDERBICHL. Disponível em: https://www.gut-aiderbichl.com/besuchen/iffeldorf-bei-muenchen/. Acesso em: 2 abr. 2024.

GUTIÉRREZ, Horacio. Donos de terras e escravos no Paraná: padrões e hierarquias nas primeiras décadas do século XIX. História, São Paulo, v. 25, n. 1, p. 100-122, 2006.

HARARI, Yuval. *Sapiens*: uma breve história da humanidade. São Paulo: Companhia das Letras, 2020.

HARARI, Yuval N. Introduction. *In*: SINGER, Peter. *Animal liberation now*: the definitive classic renewed. New York: Penguin, 2023. Kindle edition.

HARRISON, Ruth. *Animal machines:* the new factory farming industry. [s. l.]: Cabi; Reissued and Updated ed., 2013.

HART, Donna; SUSSMAN, Robert W. *Man the hunted:* primates, predators, and human evolution. expanded Edition. Abingdon, UK: Routledge, 2018.

HAYEK, Matthew N.; HARWATT, Helen; RIPPLE, William J.; MUELLER, Nathaniel D. The carbon opportunity cost of animal-sourced food production on land. *Nature Sustainability*, London, v. 4, p. 21-24, 2021). Doi 10.1038/s41893-020-00603-4

HICKIE, Mark M.; OLIVEIRA, Rogério Ribeiro de; QUINTEIRO, Mariana Martins da C. The Ecological, Economic, and Cultural Legacies of the Mule in Southeast Brazil. *Society & Animals*, Ann Arbor, MI, v. 26, p. 1-20, 2018.

HOROWITZ, Roger. *Putting Meat on the American Table:* taste, technology, transformation. Illustrated edition. Baltimore, MD: Johns Hopkins University Press, 2005.

HRIBAL, Jason C. Animals, agency, and class: writing the history of animals from below. *Human Ecology Review,* Camberra, v. 14, n. 1, p. 101-112, 2007.

HUEMER, Michael. *Dialogues on Ethical Vegetarianism*. Abingdon, UK: Routledge, 2019.

HUMAN MORTALITY DATABASE (2023); United Nations - World Population Prospects (2022) – processed by Our World in Data. "Life expectancy at birth – HMD – period tables" [dataset]. Human Mortality Database, "Human Mortality Database"; United Nations, "World Population Prospects 2022" [original data].

ISETT, Christopher; MILLER, Stephen. *The social history of agriculture*: from the origins to the current crisis. Lanham, MD: Rowman & Littlefield Publishers, 2016.

JAMIESON, Dale. The Rights of Animals and the Demands of Nature. *Environmental Values*, Winwick, UK, v. 17, p. 181-199, 2008. Doi 10.3197/096327108X303846.

JBS. Nossos Animais. Disponível em: https://jbsesg.com/pt/nossos-animais/. Acesso em: 2 abr. 2024.

JOSEPHSON, Paul R. *Chicken:* a history from farmyard to factory. Cambridge, UK: Polity, 2020.

KLEIN, Herbert S.; LUNA, Francisco Vidal. *Brazilian Crops in the global market*: the emergence of Brazil as a world agribusiness exporter since 1950. London: Palgrave Macmillan, 2023. Edição do Kindle.

KLEIN, Herbert S.; LUNA, Francisco Vidal. *Alimentando o mundo:* o surgimento da moderna economia agrícola no Brasil. Rio de Janeiro: Editora FGV, 2020.

KLEIN, Herbert S.; LUNA, Francisco V. The impact of the rise of modern maize production in Brazil and Argentina. *Historia Agraria,* [s. l.], v. 86, p. 1-38, abr. 2022. Doi 10.26882/histagrar.086e09k

KLEIN, Herbert S. The Supply of Mules to Central Brazil: The Sorocaba Market, 1825-1880. *Agricultural History*, Durham, NC, v. 64, n. 4, p. 11-25, Autumn 1990.

LAMEY, Andy. The libertarian case for rejecting meat consumption. *Quillette*, 28 Jan. 2020. https://quillette.com/2020/01/27/the-libertarian-case-for-rejecting-meat-consumption/ Acesso em: 2 abr. 2024.

LAPPÉ, Frances Moore. *Diet for a small planet*. [s. l.]: Ballantine Books, 1971.

LEITZMANN, Claus. Vegetarian nutrition: past, present, future. *The American Journal of Clinical Nutrition*, [s. l.], p. 496-502, 2014.

LEVENSTEIN, Harvey A. Dietética contra gastronomia: tradições culinárias, santidade e saúde nos modelos de vida americanos. *In*: FLANDRIN, Jean-Louis; MONTANARI, Massimo (org.). *História da alimentação*. 6. ed. São Paulo: Estação Liberdade, 1998. p. 629-640.

LIEBERMAN, Daniel E. *A história do corpo humano*: evolução, saúde e doença. Rio de Janeiro: Zahar, 2015.

LIST OF DOMESTICATED ANIMALS. Disponível em: https://en.wikipedia.org/wiki/List_of_domesticated_animals. Acesso em: 29 abr. 2024.

LOPES NETO, João Simões. *Contos gauchescos*. São Paulo: Martin Claret, 2001.

MACLACHLAN, Ian. Humanitarian Reform, Slaughter Technology, and Butcher Resistance in Nineteenth-Century Britain. *In*: LEE, Paula Young (ed.) *Meat, Modernity, and the Rise of the Slaughterhouse*. Lebanon, NH: University of New Hampshire Press, 2008.

MAESTRI, Mário. Práticas corambreras na Argentina, Uruguai e Rio Grande do Sul. *In*: MAESTRI, Mário (org.). *Peões, gaúchos, vaqueiros, cativos campeiros*: estudos sobre a economia pastoril no Brasil. Passo Fundo, RS: Universidade de Passo Fundo, 2009. p. 45-91.

MAPBIOMAS, [s. l.], 2024. https://plataforma.brasil.mapbiomas.org/. Acesso em: 20 maio 2024.

MATHENY, Gaverick; CHAN, Kai M. A. Human Diets and Animal Welfare: the illogic of the larder. *Journal of Agricultural and Environmental Ethics*, [s. l.], v. 18, p. 579-594, 2005. Doi 10.1007/s10806-005-1805-x.

MAZOYER, Marcel; ROUDART, Laurence. *História das agriculturas no mundo*: do neolítico à crise contemporânea. São Paulo: Editora UNESP; Brasília, DF: NEAD, 2010.

McKITTRICK, Meredith. Industrial Agriculture. In: McNEILL, John R.; MAULDIN, Erin S. (ed.) A Companion to global environmental history. Hoboken, NJ: Wiley-Blackwell, 2012.

McNEILL, John R. *Something new under the sun*: an environmental history of the Twentieth-Century World. New York: Norton, 2000.

MELINA, Vesanto; CRAIG, Winston; LEVIN, Susan. Position of the Academy of Nutrition and Dietetics: Vegetarian Diets. Journal of the Academy of Nutrition and Dietetics, [s. l.], v. 116, n. 12, p. 1970-1980, Dec. 2016.

MILLER, Shawn W. *An environmental history of latin america*. Cambridge, UK: Cambridge University Press, 2007.

MIRANO, Barbara. Ariel Ramírez, 15 Estudios para piano sobre ritmos y formas de la tradición musical argentina [Música]. [S. l.: s. n.], 2023. 1 vídeo (17 min.). Disponível em: https://www.youtube.com/watch?v=ZhL62_UrjHE. Acesso em: 7 maio 2024.

MONSON, Shaun. Earthlings [Filme]. [S. l.], Nation Earth, 2005. 1 vídeo (1 h). Disponível em: https://www.youtube.com/watch?v=TpkqiYonbd4. Acesso em: 13 maio 2024.

MOOD, Alison; LARA, Elena; BOYLAND, Natasha K. and BROOKE, Phil. Estimating global numbers of farmed fishes killed for food annually from 1990 to 2019. *Animal Welfare*, [s. l.], v. 32, e12, p. 1-16, 2023. Doi 10.1017/awf.2023.4

MOTA, Lúcio Tadeu. *As guerras dos Índios Kaingang*: a história épica dos índios Kaingang no Paraná (1769-1924). 2. ed. Maringá: Eduem, 2008.

MUSCOLINO, Micah S. Fishing and Whaling. In: McNEILL, John R.; MAULDIN, Erin S. (ed.) A Companion to Global Environmental History. Wiley-Blackwell, 2012.

MYSKIW, Antonio Marcos. Uma breve história da formação da fronteira no Sul do Brasil. In: RADIN, José Carlos; VALENTINI, Delmir; ZARTH, Paulo A. (org.). História da Fronteira Sul. Chapecó – SC: Editora da UFFS, 2015. p. 43-72.

NACONECY, Carlos. *Ética e animais*: um guia de argumentação filosófica. Porto Alegre: PUCRS, 2006.

NATIONAL GEOGRAPHIC. Armas, Germes e Aço – episódio 1 [Filme]. [S. l.: s. n.], 2018. 1 vídeo (54 min.). Disponível em: https://www.youtube.com/watch?v=-vR5KBTqq9QY. Acesso em: 1 maio 2024.

NCD Risk Factor Collaboration. Body – Mass Index: Evolution of BMI over time. 2024. https://www.ncdrisc.org/obesity-prevalence-line.html Acesso em: 20 maio 2024.

NEHER, Clarissa. O papel de gado e soja no ciclo de desmatamento. DW, [s. l.], 24 abr. 2020. Disponível em: https://www.dw.com/pt-br/o-papel-de-gado-e--soja-no-ciclo-de-desmatamento/a-52151786. Acesso em: 20 maio 2024.

NIBERT, David A. *Animal Oppression and Human Violence:* Domesecration, Capitalism, and Global Conflict. New York: Columbia University Press, 2013.

NODARI, Eunice; CARVALHO, Miguel Mundstock Xavier de; ZARTH, Paulo Afonso. *Fronteiras Fluídas:* florestas com araucárias na América Meridional. São Leopoldo: Oikos, 2018.

NOSSAS práticas: monitoramento, Controle e Gestão. *BRF*, [s. l.], 2024. Disponível em: https://www.brf-global.com/sustentabilidade/bem-estar-animal/nossas-praticas/monitoramento-controle-e-gestao/. Acesso em: 2 abr. 2024.

OLIVEN, Ruben George. "The largest popular culture movement in the Western world": intellectuals and Gaucho Traditionalism in Brazil. *American Ethnologist*, [s. l.], v. 270, p. 128-146. 2000.

OLIVEN, Ruben George. *Tradition Matters*: Modern Gaúcho Identity in Brazil. Columbia University Press, 1996.

OLMSTEAD, Alan L.; RHODE, Paul W. Reshaping the Landscape: The Impact and Diffusion of the Tractor in American Agriculture, 1910–1960. *The Journal of Economic History*, v. 61, n. 3, p. 663-698, Sept. 2001.

OS SERRANOS. Inverno Serrano – Meu Cavalo e Meu Amigo [Música]. [S. l.: s. n.], 2022. 1 vídeo (2 min.). Disponível em: https://www.youtube.com/watch?-v=G3-0zICMGVw. Acesso em: 3 maio 2024.

OSTOS, Natascha Stefania Carvalho De. "Carnivorismo é uma civilização": vegetarianismo brasileiro e discursos sobre os animais, 1902-1940. *História, Ciências, Saúde* – Manguinhos, Rio de Janeiro, v. 28, supl., p. 37-57, dez. 2021.

PARKER, Alan. *O Fantástico Mundo do Dr. Kellogg* [Filme]. J&M International, 1994.

PASTAGENS brasileiras ocupam área equivalente a todo o estado do Amazonas. *MapBiomas*, [s. l.], 2024. Disponível em: https://brasil.mapbiomas.org/2021/10/13/pastagens-brasileiras-ocupam-area-equivalente-a-todo-o-estado-do-amazonas/. Acesso em: 20 maio 2024.

PECUÁRIA é o principal vetor de perda de vegetação em metade da América do Sul. *MapBiomas*, [s. l.], 2024. Disponível em: https://brasil.mapbiomas.org/2023/12/08/pecuaria-e-o-principal-vetor-de-perda-de-vegetacao-em-metade-da-america-do-sul/. Acesso em: 20 maio 2024.

PERREN, Richard. *Taste, Trade and Technology:* The Development of the International Meat Industry since 1840. Abingdon, UK: Routledge, 2006.

PHELPS, Nowell H. *et al*. Worldwide trends in underweight and obesity from 1990 to 2022: a pooled analysis of 3663 population-representative studies with 222 million children, adolescents, and adults. *Lancet*, Feb. 2024. Doi 10.1016/S0140-6736(23)02750-2

PIAZZA, Walter. *A Escravidão Negra numa Província Periférica*. Florianópolis: Garapuvu, 1999.

PINKER, Steven. *Os anjos bons da nossa natureza:* por que a violência diminuiu. São Paulo: Companhia das Letras, 2017.

PINKER, Steven. *O novo Iluminismo:* em defesa da razão, da ciência e do humanismo. São Paulo: Companhia das Letras, 2018.

PLUCKROSE, Helen; LINDSAY, James. *Teorias cínicas*: como a academia e o ativismo tornam raça, gênero e identidade o centro de tudo - e por que isso prejudica a todos. Barueri, SP: AVIS RARA, 2021.

POLLAN, Michael. *O Dilema do onívoro*: uma história natural de quatro refeições. Rio de Janeiro: Intrínseca, 2007.

POPKIN, Barry. *O mundo está gordo*: modismos, tendências, produtos e políticas que estão engordando a humanidade. Rio de Janeiro: Elsevier, 2009.

PREECE, Rod. *Brute souls, happy beasts, and evolution*: the historical status of animals. Vancouver: The University of British Columbia Press, 2005.

PREECE, Rod. Thoughts out of Season on the History of Animal Ethics. *Society and Animals*, Ann Arbor, MI, v. 15, p. 365-378, 2007. Doi 10.1163/156853007X235537

PREECE, Rod. *Sins of the flesh*: a history of ethical vegetarian thought. Vancouver: The University of British Columbia Press, 2008.

PYTHAGORAS Advocating Vegetarianism 1628-1630. Royal Trust Collection, Inglaterra, c2024, Disponível em: https://www.rct.uk/collection/403500/pythagoras-advocating-vegetarianism. Acesso em: 29 abr. 2024.

REARDON, Sara. "WHO warns against 'post-antibiotic' era". *Nature*, [s. l.], 2014. Disponível em: http://www.nature.com/news/who-warns-against-post-antibiotic-era-1.15135. Acesso em: 16 maio 2024.

RECENSEAMENTO DO BRAZIL EM 1872. Rio de Janeiro: Typ. G. Leuzinger, [1874?]. Disponível em: https://biblioteca.ibge.gov.br/biblioteca-catalogo?id=225477&view=detalhes. Acesso em: 7 maio 2024.

REGAN, Tom. *Jaulas vazias:* o desafio dos direitos animais. [S. l.]: Edita_X, 2020.

RIDLEY, Matt. *O otimista racional*: por que o mundo melhora. 4. ed. Rio de Janeiro: Record, 2014.

RITCHIE, Hannah. 2021. "If the world adopted a plant-based diet, we would reduce global agricultural land use from 4 to 1 billion hectares" Published online at OurWorldInData.org. Retrieved from: 'https://ourworldindata.org/land-use-diets' [Online Resource]

ROBERTS, Alice. *Tamed*: ten species that changed our world. [S. l.]: Hutchinson, 2017.

ROONEY, Anne. *A História da Medicina*: das primeiras curas aos milagres da medicina moderna. Rio de Janeiro: M. Books, 2012.

RUBENS, Peter Paul. Pitágoras advogando o vegetarianismo. 1628-1630. 1 original de arte, óleo sobre tela. 262 × 378,9 cm. Coleção da família real britânica.

RUBIM, Maíra. Olimpíadas de Paris-2024 têm 17 atletas veganos na briga por medalhas. *O Globo*, [s. l.], 2 ago. 2024. Disponível em: https://oglobo.globo.com/esportes/olimpiadas/noticia/2024/08/02/olimpiadas-de-paris-2024-tem-17-atletas-veganos-na-briga-por-medalhas.ghtml. Acesso em: 27 set. 2024.

RUDE, Emelyn. *Tastes like Chicken*: a history of America's favorite bird. New York: Pegasus Books, 2016.

RUDER, Debra Bradley. The Gut and the Brain. *Harvard Medical School*, 2017. Disponível em: https://hms.harvard.edu/news-events/publications-archive/brain/gut-brain. Acesso em: 9 abr. 2024.

SAGAN, Carl. *O mundo assombrado pelos demônios:* a ciência vista como uma vela no escuro. São Paulo: Companhia das Letras, 2006.

SAINT-HILAIRE, Auguste de. *Viagem ao Rio Grande do Sul*. Brasília: Senado Federal, Conselho Editorial, 2002.

SALT, Henry S. Logic of the Larder. *Animal Rights*, [s. l.], 1914. Disponível em: http://www.animal-rights-library.com/texts-c/salt02.pdf. Acesso em: 2 abr. 2024.

SCHLOTTMANN, Christopher; SEBO, Jeff. *Food, Animals, and the Environment*: an Ethical Approach. New York: Routledge, 2019.

SCOTT, James. *Against the grain:* a deep history of the earliest states. Yale University Press: Reprint edition, 2018.

SINGER, Peter. *Animal liberation now*: the definitive classic renewed. New York: Penguin, 2023. Kindle edition.

SINGER, Peter. *Ética Prática*. 4. ed. São Paulo: Martins Fontes, 2019.

SLATTA, Richard W. *Gauchos and the Vanishing Frontier*. Lincoln, NE: University of Nebraska Press, 1992.

SLYWITCH, Eric. *Guia de Nutrição Vegana para Adultos da União Vegetariana Internacional (IVU)*. Departamento de Medicina e Nutrição. 1. ed. [S. l.]: IVU, 2022.

SMIL, Vaclav. *Should We Eat Meat?*: Evolution and Consequences of Modern Carnivory. Hoboken, NJ: Wiley-Blackwell, 2013.

SMIL, Vaclav. *Harvesting the Biosphere:* what we have taken from Nature. Cambridge, MA: MIT Press, 2012.

SMIL, Vaclav. *Energy and civilization*: a History. Cambridge, MA: MIT, 2017.

SOKAL, Alan; BRICMONT, Jean. *Imposturas intelectuais*. Rio de Janeiro: BestBolso, 2014.

SORCINELLI, Paolo. Alimentação e Saúde. *In*: FLANDRIN, Jean-Louis; MONTANARI, Massimo (org.). *História da alimentação*. São Paulo: Estação Liberdade, 1998. p. 604-613.

SPENCER, Colin. *Vegetarianism*: a history. Grub Street Publishing: Reprint edition, 2016.

STAUDENMAIER, Peter. Right-Wing Ecology in Germany: Assessing the Historical Legacy. *In*: BIEHL, Janet; STAUDENMAIER, Peter. *Ecofascism Revisited: Lessons from the German Experience*. Porsgrunn: New Compass Press, 2011. p. 89-132.

STEFFEN, Will; GRINEVALD, Jacques; CRUTZEN, Paul; McNEILL, John R. The Anthropocene: conceptual and historical perspectives. *Phil. Trans. R. Soc. A*, [s. l.], v. 369, p. 842-867, 2011. Doi 10.1098/rsta.2010.0327.

STEINER, Gary. *Animals and the Limits of Postmodernism*. New York: Columbia University Press, 2013.

STEINFELD, Henning et al. *Livestock's Long Shadow*: environmental issues and options. Roma: FAO, 2006.

STUART, Tristram. *The Bloodless Revolution*: radical vegetarians and the discovery of India. New York: Harper Press, 2006.

SUPRINYAK, Carlos E.; RESTITUTTI, Cristiano C. Os Muares e as Minas: Relações entre a Demanda Mineira e o Mercado de Animais de Carga nos Séculos XVIII e XIX. *In*: PAULA, João Antonio de et al. (ed.). *Anais do XII Seminário sobre a Economia Mineira*. Belo Horizonte, MG, Cedeplar, Universidade Federal de Minas Gerais, 2006.

TEUTEBERG, Hans Jurgen; FLANDRIN, Jean-Louis. Transformações do consumo alimentar. *In*: FLANDRIN, Jean-Louis; MONTANARI, Massimo (org.). *História da alimentação*. São Paulo: Estação Liberdade, 1998. p. 539-555.

THE DONKEY SANCTUARY OF CANADA. Disponível em: https://www.thedonkeysanctuary.ca/visit-us/. Acesso em: 2 abr. 2024.

THE *VEGAN* SOCIETY. History. Disponível em: https://www.vegansociety.com/about-us/history. Acesso em: 26 abr. 2024.

THILL, Bridget. Fetal Pain in the First Trimester. *The Linacre Quarterly*, v. 89, Issue 1, p. 73-100, Feb. 2022.

THOMAS, Keith. *O homem e o mundo natural*: mudanças de atitude em relação às plantas e aos animais, 1500-1800. São Paulo: Companhia de Bolso, 2010.

TILMAN, David; CLARK, Michael. Global Diets Link Environmental Sustainability and Human Health. *Nature*, London, v. 515, p. 518-522, 27 nov.. 2014.

TONICO E TINOCO. Besta Ruana [Música]. [S. l.: s. n.], 2011. 1 vídeo (3 min.). Disponível em: https://www.youtube.com/watch?v=oJxQa0yacBg. Acesso em: 3 maio 2024.

VARGAS, Jonas Moreira. Abastecendo *plantations:* a inserção do charque fabricado em Pelotas (RS) no comércio atlântico das carnes e a sua concorrência com os produtores platinos (século XIX). *História (São Paulo)*, v. 33, n. 2, p. 540-566, jul./dez. 2014.

VISAK, Tatjana. *Killing Happy Animals*: Explorations in Utilitarian Ethics. Zutphen, NL: Wöhrmann Print Service, 2011.

VISAK, Tatjana. *Capacity for Welfare Across Species*. Oxford, UK: Oxford University Press, 2022.

VISAK, Tatjana; GARNER, Robert (ed.). *The ethics of killing animals.* Oxford University Press, 2015.

VITALE, Kenneth; HUEGLIN, Shawn. Update on vegetarian and *vegan* athletes: a review. *The Journal of Physical Fitness and Sports Medicine*, [s. l.], v. 10, n. 1, p. 1-11, 2021.

WALKER, Elaine. *Horse*. London: Reaktion Books, 2008.

WARREN, Wilson J. *Meat Makes People Powerful*: A Global History of the Modern Era. Iowa City, IA: University of Iowa Press, 2018.

WEIS, Tony. *The Ecological Hoofprint*: the Global Burden of Industrial Livestock. London and New York: Zed Books, 2013a.

WEIS, Tony. The meat of the global food crisis. *The Journal of Peasant Studies*, [s. l.], v. 40, n. 1, p. 65-85, 2013b.

WHORTON, James C. Historical Development of Vegetarianism. The American Journal of Clinical Nutrition, [s. l.], v. 59, n. 5, p. 1103S-1109S, 1994.

WILCOX, Robert W. *Cattle in the Backlands:* Mato Grosso and the Evolution of Ranching in the Brazilian Tropics. Austin, TX: University of Texas Press, 2017.

WILLETT, Walter et al. Food in the Anthropocene: the EAT–Lancet Commission on healthy diets from sustainable food systems. *The Lancet,* London, v. 393, p. 447-492, 2019.

WOODLEY, Michael A. Is Homo sapiens polytypic? Human taxonomic diversity and its implications. *Med Hypotheses,* v. 74, n. 1, p. 195-201, Jan. 2010. Doi 10.1016/j.mehy.2009.07.046.

WOODS, Abigail. From Cruelty to Welfare: the emergence of farm animal welfare in Britain, 1964–71. *Endeavour,* v. 36, n. 1, p. 14-22, Mar. 2012. Doi 10.1016/j.endeavour.2011.10.003.

WORSTER, Donald. Transformações da terra: para uma perspectiva agroecológica na história. *Ambiente e Sociedade,* São Paulo, v. 5, n. 2, 2003. Doi 10.1590/S1414-753X2003000200003

YEATES, James W. Death is a Welfare Issue. *Journal of Agricultural and Environmental Ethics,* v. 23, p. 229-241, 2010. Doi 10.1007/s10806-009-9199-9

YOUGOV – with minor processing by Our World in Data. "Percentage of flexitarians – YouGov" [dataset]. YouGov, "Dietary choices of Brits" [original data]. 2024. Disponível em: https://ourworldindata.org/vegetarian-vegan. Acesso em: 26 abr. 2024.

ZAPPATERRA, Martina; FAUCITANO, Luigi; COSTA, Leonardo Nanni. Road Transport: A Review of Its Effects on the Welfare of Piglets. Animals, Basel, Switzerland, v. 13, n. 10, 1604, 2023. Doi 10.3390/ani13101604

ZARTH, Paulo Afonso; GERHARDT, Marcos. Uma História Ambiental do Pampa do Rio Grande do Sul. *In*: TEIXEIRA FILHO, Althen (org.). *Lavouras de destruição*: a imposição do consenso. Pelotas: Livraria mundial, 2009. p. 249-295.

# ÍNDICE REMISSIVO

**A**

Abate "humanitário" 25
Abate 14, 25, 27, 28, 31, 35, 46, 47, 54, 63, 68, 75, 86, 95, 96, 105, 106, 109, 120-122, 124, 127, 128, 130-132, 135, 136, 152, 155
Abatedouros 46, 47, 130, 134, 135, 151
Abolicionista 30
Adams, Carol 155
Adventismo 62
África 39, 62, 80, 83, 101, 136, 140
Agricultura orgânica 50
Agrotóxicos 89, 142, 143
Alma 42-44, 48, 62
Amazônia 99, 142, 144-146, 152
América do Norte 93, 94, 101
Anarquismo 69
Antibióticos 48, 52, 113, 115, 117, 118, 138
Antiguidade 42, 44, 61, 64
Antropoceno 133
Antropologia 13, 19, 158
Antropomorfismo 25, 26
Aquicultura 148
Aquino, Tomás de 43
Arado 82
Arendt, Hanna 40
Argentina 64, 92, 97, 107, 109-111, 134, 135, 162-164
Aristóteles 42, 63
Arreios 87, 88, 97, 109
Assassinatos 41, 130

Assis, Francisco 43
Atletas 73, 141, 144, 167
Australopithecus 37, 48, 58
Aves (ver Pássaros) 13, 26, 48, 119, 124, 127, 128, 130, 139, 143

## B

Bactérias 61, 80, 114-116
Baleias 23
Bebês 22, 23, 80
Bem-estarista 25
Bentham, Jeremy 24, 45
Biocentrismo 21
Biodiversidade 23, 90, 141, 144, 145, 147
Bioética 22
Biologia 13, 14, 19, 20, 22, 36, 38, 51, 60, 69, 79, 80, 113
Bois 23, 42, 77, 80, 82, 83, 90, 93, 94, 99, 113, 132, 142, 149
Boleadeira 95
BRF 28, 165
BSE (Doença da Vaca Louca) 26, 124
Brigas de cães 41, 46, 84
Budismo 62
Búfalo 79, 82, 128

## C

Cabras 23, 42, 90, 149
Caça 31, 35, 39, 40, 86, 93, 95, 109
Cães 22, 23, 26, 41, 46, 55, 84, 119, 132
Camelo 79, 82, 83
Câncer 138, 139
Canibalismo 40, 60
Cargueiro 105, 108

Carnivorização 18, 133, 134, 136, 138, 140
Carson, Rachel 7, 52, 53
Castanhas 58, 90, 142
Castração 109
Cavalaria 82, 86, 109
Cavalos 23, 42, 77, 80, 82, 83, 88, 91, 93, 94, 99-101, 109
Cerrado 90
Charque 105-108, 170
Charruas 83, 93
Chimpanzés 37
China 32, 62, 64, 86, 124, 126-128, 138
Chucro 97, 104
Circos 16
Coisificação 25, 26
"Conclusão repugnante" 29
Confinamento 113, 115, 118, 131, 135, 138
Consequencialista 24, 45, 54
Contracultura 52, 70
Couro 66, 90, 93, 94, 97
Cowboy 110
Cristianismo 62
Crustáceos 13, 136

# D

Darwin, Charles 43, 47-49, 50
Darwinismo 47-49
Debicagem 119
Debret 96
*Deep Ecology* 21
Deontológica 54
Descartes 43, 65

Direita 16, 70
Doença da vaca louca (BSE) 26, 124
Doenças 69, 71, 72, 80, 83, 114, 115, 118, 123, 138, 139
Domesticação 35, 39, 58, 61, 62, 77-79, 90, 134

E

Ecocentrismo 21
Ecologia 23
Embriões 22, 23, 81
Embutidos 135, 138
Empatia 22, 39, 130
Engenharia genética 117
Epicuro 24
Escravos 42, 45, 61, 87, 91, 106, 161
Esoterismo 52
Especismo 16, 32, 50, 70
Esquerda 16, 32, 50, 70
Estupro 60
Ética 13, 19, 20, 24, 42, 46, 53, 54, 59, 114, 164, 168

F

*Fast food* 138
*Feedlots* 114, 118, 126, 135, 142, 143, 146
Fertilizante Sintético 117
Fetos 22, 23
Fisiologia 59, 69
Fogo 39, 40, 58, 61, 157
Fome 39, 50, 60, 71, 72, 85
*Freerange* 118, 125
Frigoríficos (ver também abatedouros) 47, 55, 111, 143, 148, 151,
Frutos do Mar 136, 137

## G

Galeno 44
Galinhas 20, 27, 42, 49, 52-54, 72, 77, 83, 118, 124, 129, 132
Gandhi 70
Gansos 127
Gatos 23, 55, 132
Gaúcho 92, 94, 95, 101, 102, 109, 110, 165
Golfinhos 23
Gorilas 37
Grande Depressão 51, 70
Gripe aviária 26, 124, 155
Guerras 19, 40, 41, 51, 70, 84, 86, 96, 109, 130, 135, 164
Gut Aiderbichl Iffeldorf 29, 56, 161

## H

Halal 62
Hambúrguer 138
Harrison, Ruth 161
Hippies 52
Hobbes 37
Humanitário 22, 25, 28, 52, 122, 155

## I

Identitarismo 19, 30
Igreja Católica 63
Iluminismo 41, 44-47, 64, 66, 166
Índia 42, 62, 66, 75, 114, 125-127, 136, 138
Indígenas 38, 40, 52, 83, 86, 93, 94, 99, 104, 105, 134, 145
Insetos 13, 22
Invertebrados 23

## J

JBS  28, 122, 162
Jesuítas  94
Jumentos  56, 82, 83, 101

## K

Kant  43, 46
Kosher  62

## L

Lã  42, 78
Laticínios  73, 78, 80, 82, 139, 140
Latifúndio  87, 108, 146
Leguminosas  61, 139
Leonardo da Vinci  64
Lhamas  42
Liebig  107
Linnaeus, Carl (Lineu)  47
Lobos  60
"Lógica da despensa"  28, 29

## M

Macacos  20, 48
Mamíferos  13, 48, 80, 130, 136
Mamutes  60
Máquina a Vapor  87, 88
Mata Atlântica  145, 156, 157
Medicina  48, 51, 167, 168
Megafauna do Pleistoceno  39
Mendel  50, 117

Metempsicose  42, 63
Milho  61, 71, 78, 81, 116, 118, 143, 147
Mill, Stuart  45
Minas Gerais  94, 97, 98, 100, 146, 169
Minuanos  93
Missões  94, 98, 99
Moluscos  13, 136
Montaria  18, 83, 86, 92, 94, 95, 98, 109, 111, 153
Motor à Combustão Interna  88,
Mula  100
Mulheres  42, 45, 82

## N

Nazismo  32, 49, 51, 68
Newton  65, 66
Nietzsche  31
Nordeste  104, 106, 107, 110

## O

Obesidade  72, 140
Orangotangos  37
Oriente  33, 35, 52, 62, 68, 78, 80, 86, 101
Ovelhas  23, 42, 77, 80, 90, 149
Ovos  73, 78, 90, 120, 139, 140, 149

## P

Paleolítico  38, 40, 58, 61, 62, 83, 117
Pampas  17, 92-94, 96-98, 104, 105, 108-110, 153
Pandemia  124
Pantanal  99, 146
Parfit, Derek  29

Pássaros 23
Pastagem 144, 145
Pastoralistas 80, 86
Patos 105, 124
Pecuária Industrial 18, 41, 52, 53, 55, 71, 113-118, 123, 131-133, 136
Peixes 13, 23, 48, 113, 124, 129, 130, 136, 137, 148, 149
Peles 40, 42, 78, 135
Perus 79, 127, 129
Pesticidas (ver Agrotóxicos) 182
Pets 16, 29, 55, 152
Pitágoras 15, 35, 41, 42, 62, 63, 65-67, 167
Pizza 73
Plantas 20, 23, 24, 35, 41, 47, 50, 56, 58, 61, 62, 64, 79, 81, 117, 139, 146, 169
Platão 57
Plutarco 42, 63
Pollan, Michael 166
Porcos (ver Suínos) 14, 22, 23, 25, 36, 42, 52, 53, 62, 72, 77, 79, 83, 118, 119, 121, 123, 129, 139, 153, 182
Porfírio 35, 42, 63
Positivismo 69
Pós-Modernismo 12, 20, 30, 31, 32
Prata 92-94, 97
Predadores 40, 41, 58, 80, 85, 118
Pré-História 36-38, 40, 59, 60
Primeira Guerra Mundial 51, 82
Proteínas 69, 72, 73, 78, 91, 114, 141, 143, 144, 147
Pseudociência 47

# Q

Queijo 75, 91
Queimadas 145

## R

Ração  71, 78, 118, 119, 135, 143, 146, 149
Racismo  24, 30, 32, 33, 37, 50
Relativismo  31
Renascimento  43, 64
Revolução Científica  43, 64
Revolução Industrial  17, 77, 88, 133, 134
Revolução Verde  18, 89, 107, 111, 125, 136, 138
Rinhas de galo  41
Rio Grande do Sul  92, 94, 97-99, 104-107, 109-111, 157, 163, 168, 171
Rousseau  36, 40, 66

## S

Sacrifícios humanos  60
Saint-Hilaire  91, 106, 168
Sal  105, 106
Salt, Henry  168
Santuários  29, 55, 56
Sebo  14, 21, 32, 93, 94, 97, 168
Sedentarismo  90, 118
Segunda Guerra Mundial  115, 134, 136, 141
Senciência  13, 22, 23, 54, 130
Sexismo  24, 30, 32, 33
Shelley  69, 74, 155
Singer, Peter  161, 168
Sociologia  19
Sócrates  57
Soja  61, 71, 78, 111, 116, 118, 139, 142-144, 147, 148, 165
Suínos  113, 116, 120, 124, 126, 127, 135, 143, 147

## T

Taxonomia  47

Teosofia  69

Testes em Animais  51

The Donkey Sanctuary of Canada  29, 56, 169

Thoreau  21

Tortura  44, 60, 68, 153

Trator  88

Tropeiros  18, 91, 100, 107

## U

Utilitarismo  29, 45

Uruguai  92, 94, 95, 97, 99, 107, 109, 111, 134, 163

## V

Vacas (ver Bois)  22, 26, 62, 82, 118, 123, 124, 158

Vacarias  94, 95, 97-99, 104, 109

Vacinas  52, 69, 113-115, 117, 118

Vaqueiro  94, 110

Vegetais (ver Plantas)  14, 37, 39, 58, 59, 67, 72, 78, 91, 97, 138, 139, 142, 143, 149

Vegetarianismo  17, 24, 42, 50, 54, 56, 57, 60-71, 152, 157, 165, 167

Vertebrados  23

Veterinária  53, 72

Vírus  26, 80, 114, 124

Vitamina B12  71, 116

Vitaminas  71, 72, 114-116

Vivissecção  51

## W

*Woke* 12

## Z

Zoológicos 16, 55